Martin Haberer

Vermehrung von Pflanzen

FRANCKH-KOSMOS

In Zusammenarbeit mit

mein schöner Garten

Wissenswertes vorweg

Vermehrungs-Praxis

Pflanzen-Portraits

Jahres-Arbeitskalender

Anhang

Vorwort

Jeder Pflanzenfreund möchte gerne von seinen Urlaubsreisen Erinnerungen mit nach Hause bringen. Er sammelt also Pflanzen oder Pflanzenteile und versucht sie zu Hause zu kultivieren.
Aus den Samen tropischer Früchte, wie z.B. Datteln, Apfelsinen oder Wollmispeln, wachsen in wenigen Jahren stattliche Pflanzen heran. Auch Stecklinge von Oleander oder anderen immergrünen Gewächsen lassen sich im Wasserglas ohne große Mühe bewurzeln. Die dabei erzielten Pflanzen schmücken daher manche Terrasse oder sind als Geschenk bei Freunden willkommen.
Der Wunsch, in der Natur gesehene Pflanzen selbst besitzen zu wollen, ist bei vielen „Naturfreunden" so stark, daß sogar seltene Pflanzen ausgegraben werden. Häufig gehen diese Exemplare schon auf dem Transport ein. Dieser Frevel an der Natur ist strafbar und wird in einzelnen Ländern mit hohen Geldstrafen geahndet.

Besonders seltene Pflanzen stehen auf der Roten Liste und sind durch das Washingtoner Artenschutzabkommen vor der völligen Ausrottung geschützt. Von diesen Arten dürfen nicht einmal Teile aus der Natur entnommen werden. Dazu gehören beispielsweise die reizenden Wild-Alpenveilchen, von denen nur gärtnerisch vermehrte Pflanzen gehandelt werden dürfen. Ein beigefügtes Etikett weist auf diese Anzucht hin. Setzen solche Pflanzen dann Samen an, kann sie der Pflanzenfreund weiter vermehren, ohne sich strafbar zu machen.
Die eigene Anzucht von Pflanzen macht viel Freude, wenn sie gelingt. Häufig gibt es jedoch Mißerfolge, wenn man wichtige Regeln nicht kennt, die jedem Gärtner geläufig sind. In diesem Buch werden viele gärtnerische Maßnahmen behandelt, wie man Pflanzen selbst vermehren kann. Möge es vielen Pflanzenfreunden eine wertvolle Hilfe sein.

Martin Haberer

Selbst große Oleander lassen sich im Kübel halten.

Wissenswertes vorweg

Im wesentlichen muß man zwei verschiedene Arten der Vermehrung unterscheiden.

Als **generative Vermehrung** (geschlechtliche Vermehrung) bezeichnet man die Vermehrung durch Samen. Samen entstehen nach der Befruchtung. Dazu müssen Pollen (Blütenstaub) einer männlichen Blüte auf die reife Narbe einer weiblichen Blüte der gleichen Art gelangen. Aus der Vereinigung von Pollen und Eizelle entsteht der Samen der Pflanze mit den Eigenschaften beider Eltern. Dies bedeutet, daß die Nachkommen aus Samen nicht immer gleichmäßig ausfallen. Oft entstehen dabei neue, bessere Formen.

Der Pflanzenzüchter bedient sich der Erkenntnisse von Gregor Mendel (1822–1884), um zu neuen Züchtungen zu gelangen.

In der Natur ist die generative Art der Vermehrung am häufigsten anzutreffen.

Bei der **vegetativen Vermehrung** (ungeschlechtliche Vermehrung) sind dagegen die Eigenschaften der Tochterpflanzen mit denen der Mutterpflanze identisch.

Man entnimmt bei der vegetativen Vermehrung Teile der Pflanze und bringt sie zur Bewurzelung. Es gibt die unterschiedlichsten Möglichkeiten dieser Vermehrungsart, die der Gärtner anwenden muß, um zum Erfolg zu kommen. Man denke nur an die vielen verschiedenen Arten der Stecklinge oder gar an Veredlungen.

In der Natur ist die vegetative Vermehrung weniger verbreitet. Manche Wurzelunkräuter verbreiten sich allerdings erfolgreich durch ihre unterirdischen oder oberirdischen Triebe. Aus jedem Teilstückchen entwickelt sich eine neue Pflanze. In klimatisch ungünstigen Gebieten können einige Pflanzenarten sogar lebende Pflänzchen oder Brutzwiebeln bilden, die dann am Boden zu neuen Pflanzen heranwachsen.

Generative Vermehrung der „Höheren Pflanzen“

Die Pflanzensystematik teilt die Pflanzenwelt ein in **Niedere Pflanzen** (wie Bakterien, Algen, Flechten u.a.) und **Höhere Pflanzen.** Darunter versteht man Sporenpflanzen (Moose, Farne, Bärlapp u.a.), Nacktsamige Pflanzen (Nadelgehölze) und Bedecktsamige Pflanzen (die meisten Blütenpflanzen).

Auch Kindern macht das Vermehren von Pflanzen Spaß.

Sporenpflanzen

Diese entwickeln Sporen als generative Form der Vermehrung auf der Blattunterseite oder an besonderen Sporenblättern (zur Sporenvermehrung siehe Seite 97).

Nacktsamige Pflanzen

Die Nadelgehölze besitzen primitive Blütenanlagen, die meist vom Wind bestäubt werden. Man unterscheidet dabei zwei verschiedene Blütenanlagen – eine männliche und eine weibliche –, die an der gleichen Pflanze zu finden sind, wie z. B. bei der Fichte. Diese Gewächse nennt man **einhäusige** Pflanzen.

Die männlichen Kätzchen sind etwa 2 cm lang und produzieren eine Menge Blütenstaub (Pollen), der zu den weiblichen roten Zäpfchen gelangen muß. Bei trockener Witterung nimmt der Wind die Pollen auf eine weite Reise. Da die Trefferquote sehr gering ist, müssen ungeheure Mengen an Pollen gebildet werden.

Die weiblichen Blütenanlagen liegen bei den weiblichen Zapfen am Grund der Blütenachse, sie sind also der Witterung völlig ausgesetzt. Die Zapfenschuppen können sich allerdings bei feuchter Witterung schließen, sie öffnen sich dann bei trockenem Wetter wieder. Durch die aufrechte Stellung der weiblichen Zäpfchen können dann bei trockener Witterung die Pollen ans Ziel gelangen. Oft scheiden die unscheinbaren weiblichen Blüten klebrige Tröpfchen aus, um Pollen einzufangen.

Nach der Vereinigung der männlichen und weiblichen Geschlechtszellen entwickeln sich die Samen zwischen den Zapfenschuppen. Der Zapfen wird größer und schwerer, er hängt nun über. Bei trockenem Wetter

Große Mengen Pollen sammeln sich am Gras.

öffnen sich schließlich die nun braunen Zapfenschuppen und entlassen die geflügelten reifen Samen. Der Wind trägt sie weg von der Mutterpflanze. Findet ein Samenkorn einen geeigneten Keimstandort (schattig, humos, feucht), so beginnt es im kommenden Frühjahr zu keimen.

Andere Nadelgehölze besitzen **zweihäusige** Blütenanlagen. Dazu zählen Wacholder und Eibe. Bei diesen Gewächsen ist eine Pflanze entweder männlich oder weiblich. Möchte man Samen oder Früchte erhalten, so sind zwei verschiedengeschlechtliche Pflanzen erforderlich.

Bedecktsamige Pflanzen

Weitaus auffälliger sind die meisten Blüten der Bedecktsamigen Pflanzen, zu denen fast alle Zimmer- und Gartenpflanzen gehören. Die weiblichen Blütenanlagen der Bedecktsamer sind durch den Fruchtknoten vollkommen geschützt. Der männliche Pollen wird durch Wind oder Insekten auf die reife Narbe übertragen. Durch einen Pollenschlauch gelangen die männlichen Samenzellen zur weiblichen Eizelle und befruchten sie.

Auch bei den Bedecktsamigen Pflanzen gibt es einhäusige (Hasel, Erle) und zweihäusige Gattungen (Sanddorn, Weide). Meist werden die unscheinbaren Blüten vom Wind bestäubt. Auf Insektenbestäubung angewiesene Blüten fallen dagegen durch Farbe und Duft auf. Dazu zählen die meisten Blüten unserer Zierpflanzen. Diese sind meist als **Zwitterblüten** geformt, männliche und weibliche Blütenanlagen sind hier in einer Blüte vorhanden (Birne, Rose, Tulpe). Durch die Insekten gelangen die Pollen leichter ans Ziel, es werden also längst nicht so viele Pollen wie bei den Windblütlern gebildet.

Selbstbestäubung wird von der Natur allerdings nicht angestrebt. Durch verschiedene Maßnahmen wird verhindert, daß reifer Pollen einer Blüte auf die Narbe derselben Blüte gelangt. So sind z. B. beide Teile ungleich lang oder nicht zur gleichen Zeit reif.

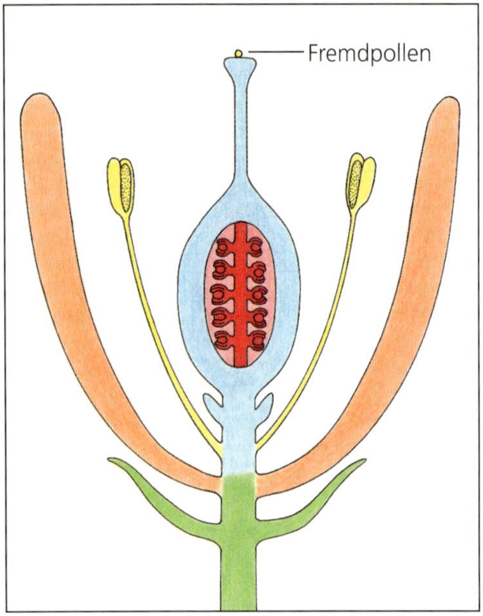

Eine Zwitterblüte besteht aus: Kelchblättern (Schutz, grün), Blumenblättern (Anlockung, orange), Staubblättern (männliche Pollen, gelb) und den weiblichen Organen, den Fruchtblättern (rot). Diese bestehen aus dem Fruchtknoten, der die Samenanlagen umhüllt und schützt, ferner dem Griffel mit der Narbe. Die Bestäubung erfolgt, wenn ein reifes Pollenkorn auf die empfangsbereite Narbe der gleichen Pflanzenart gelangt.

Fruchtformen

Die daraus sich entwickelnden Samen sind in einer Fruchthülle eingeschlossen. Man unterscheidet verschiedene Fruchtformen, die auf den Seiten 14–15 abgebildet sind.

Samen

Jedes Samenkorn besteht in der Regel aus drei Teilen: Die **Schutzhülle** verhindert das Austrocknen, das **Nährgewebe** dient der Versorgung des Keimlings mit Nährstoffen, und der **Embryo** (Keimling) enthält sämtliche Erbeigenschaften der späteren Pflanze. Doch es gibt auch Ausnahmen: Orchideensamen z. B. sind deshalb so leicht, weil sie kein Nährgewebe besitzen. Ihre Anzucht (siehe auch Seite 101) ist sehr schwierig.

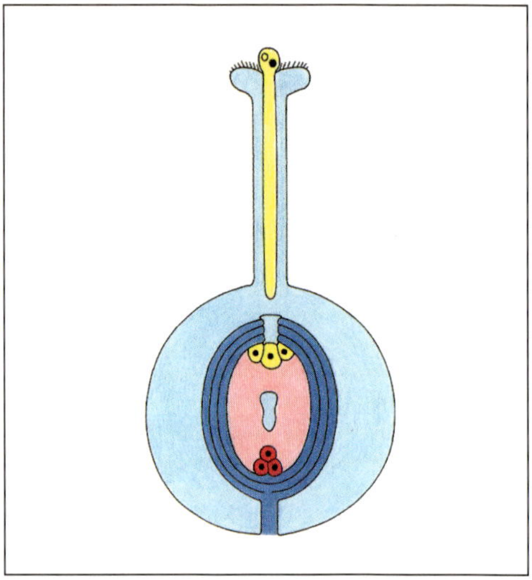

Nach der Bestäubung wird ein Pollenschlauch gebildet, der die generativen Kerne zu den Samenanlagen transportiert. Dort erfolgt die Vereinigung mit den weiblichen Eizellen und damit die Befruchtung.

Eine Biene sammelt eifrig Pollen von Blüten des Essigbaumes (Rhus typhina) *ein.*

Keimung

Sind die Witterungsbedingungen günstig, keimt der Same. Zu den Keimungs- und Wachstumsfaktoren gehören Wärme, Wasser, Licht, Luft und Boden. Das Samenkorn quillt auf und sprengt seine schützende Schale. Aus dem Embryo entwickelt sich zuerst eine Pfahlwurzel und der Sproß, der die Blätter trägt. Die ersten Keimblätter haben meist keine Ähnlichkeit mit den später erscheinenden arttypischen Blättern. Aber sie versorgen das Pflänzchen mit Nährstoffen. Diese Aufgabe übernehmen später die Wurzeln.
Einige Zeit nach der Keimung haben die Keimblätter ihre Aufgabe erfüllt und werden abgestoßen.

Vorteile und Nachteile der generativen Vermehrung

Vorteile:

- Die Samenpflanzen sind robuster, ihre Lebensdauer ist höher.
- Die Aussaat ist meist ohne große Mühe durchführbar.
- Auch genügt nur eine Mutterpflanze, um viele Nachkommen zu erzeugen.
- Durch die Aufspaltung der Erbanlagen sind Verbesserungen bei Tochterpflanzen möglich, die dann als Neuzüchtungen unsere Gärten bereichern, wenn man ihre Eigenschaften erkennt.

Nachteil:

- Das Aufspalten der Erbanlagen ergibt keine einheitliche Pflanzenqualität, welche bei der Anzucht von größeren Mengen im Gartenbau gefordert wird.

Vegetative Vermehrung

Eine Fülle von Möglichkeiten bietet die vegetative Vermehrung. Neben den vielen Arten der Stecklingsvermehrung zählt man hier auch die Wurzelteilung, Absenker und Ableger, das Anhäufeln, das Abmoosen und auch die verschiedenen Arten der Veredlung dazu.

Vorteile und Nachteile der vegetativen Vermehrung

Vorteile

- Sämtliche Tochterpflanzen haben genau die gleichen Eigenschaften wie die Mutterpflanze. Man erhält also sortenechte Nachkommen, beispielsweise von einer interessanten Neuzüchtung.
- Auch geht die vegetative Vermehrung oft rascher als die Anzucht aus Samen.
- In vielen Fällen ist kein Saatgut lieferbar,

Verschiedene Stadien der Keimung (von links nach rechts): Nach der Wurzelbildung durchstößt der Keimling die Erde zuerst mit dem Hypocotyl, dann erst erscheinen die Keimblätter. Diese können sehr stark von der normalen Blattform abweichen. Dann entwickeln sich der Sproß und die weiteren Blätter.

beispielsweise von Tropenpflanzen oder von Obstsorten.

❁ Vegetativ vermehrte Pflanzen blühen und fruchten rascher.

Nachteile

❁ Man erhält nur wenige Nachkommen von einer Mutterpflanze. Mittlerweile gilt dies für Profigärtner nicht mehr, denn in speziellen Labors ist es möglich, neue Pflanzen aus Zellverbänden in Massen heranzuziehen (Meristemvermehrung; vor allem bei Orchideen, Obstarten und neuerdings auch bei Zimmerpflanzen).

❁ Bei manchen Pflanzenarten ist die Lebensdauer der vegetativ vermehrten Pflanzen nicht so groß wie bei Sämlingspflanzen (Apfel- oder Birnbäume). Dies liegt vor allem am unterschiedlichen Bau der Wurzeln. Sämlingspflanzen haben eine Pfahlwurzel, sie schließen tiefere Bodenschichten auf. Die Wurzeln von Stecklingen sind büschelförmig ausgebildet, sie breiten sich daher flacher aus.

Die langen Ausläufer des Judenbartes Saxifraga stolonifera, *(siehe auch Seite 88) bilden am Ende Jungpflanzen. Diese brauchen einfach nur eingetopft zu werden.*

❁ Sämlingspflanzen haben unterschiedliche Erbeigenschaften, sind also oft widerstandsfähiger gegen Krankheiten als Stecklingspflanzen.

Man kann grundsätzlich sagen, daß die Vorteile der einen Methode (vegetativ bzw. generativ) die Nachteile des anderen Verfahrens (generativ bzw. vegetativ) sind. Der Gärtner verwendet diejenige Methode, die ihn am raschesten zum Ziel führt oder die ihm die Natur vorschreibt. Denn nicht immer sind beide Verfahren möglich.

Fehler, die andere gemacht haben

Samen

Fehler: Samen bei feuchtem Wetter sammeln und in Plastiktüte aufbewahren.
Richtig: Samen bei trockenem Wetter sammeln und in Papiertüte verwahren. Ist der Samen feucht, zuerst trocknen lassen, evtl. Pilzbefall bekämpfen (befallene Samen entfernen, siehe auch Seite 20).

Fehler: Pflanzen in der Natur ausgraben und in den Garten pflanzen.
Richtig: Wenige Samen sammeln und diese zu Hause aussäen. Achtung: Bei einigen Pflanzenarten ist auch dieses verboten!

Fehler: Samen werden zu dicht ausgesät, besonders die feinen Arten.
Richtig: Feine Samen mit hellem Sand mischen und dann aussäen.

Fehler: Bei der Aussaat wurden alle möglichen Gefäße verwendet (Schalen, Filmdosen, Diaschachteln, Töpfe usw.). Die Keimlinge beginnen umzufallen und zu faulen.
Richtig: Vorsicht bei Gefäßen, die keine Abzugslöcher haben. Eine Kiesschicht als Dränage verwenden und wenig gießen. Bei Fäulnisbefall Herde entfernen und mit Fun-

giziden behandeln. Zuvor alle Gefäße und Substrate desinfizieren.

Fehler: Man hat Samen gekauft von F_1-Hybriden, diese ausgesät und herrliche Pflanzen erzielt. Nun sammelt man davon Samen, um diese Sorte auch im kommenden Jahr wieder zu bewundern. Aber die neuen Pflanzen befriedigen nicht.
Richtig: Samen von hochgezüchteten F_1-Hybriden müssen jedes Jahr frisch gekauft werden. Nachzuchten spalten auf.

Fehler: Gekaufter Samen in Papiertütchen keimt sehr schwach.
Richtig: Beim Kauf auf das Datum des Aussaatjahres achten. Samen in Papiertütchen ist nicht lange keimfähig. In versiegelten Keimschutzpackungen hält der Samen länger frisch.

Fehler: Gekeimte Samen am Fensterbrett werden langbeinig, sie fallen teilweise um.
Richtig: Der Standort ist zu warm und auch zu dunkel, die Pflänzchen vergeilen. Also Gefäße heller stellen, doch vor direkter Sonnenbestrahlung schützen. Aussaaten erhalten im Winter zuwenig Licht, daher erst ab Ende Februar Samen am Fenster aussäen. Nach der Keimung kühler stellen (18–20 °C) und durch Anheben der Glasscheibe lüften.

Fehler: Aussaaten auf der Fensterbank vertrocknen immer wieder.
Richtig: Heizkörper mit Styropor abdecken, Schalen mit Regenwasser aufstellen oder Luftbefeuchter verwenden.

Pflanzen

Fehler: Gartenanfänger lassen sich gerne alle möglichen Pflanzen schenken, die vielleicht der Nachbar loswerden möchte.
Richtig: Geschenk erst genau prüfen und in einer Ecke des Gartens beobachten, ob es kein ungestümer Wucherer ist.

Fehler: Blattstückstecklinge vom gelbgestreiften Bogenhanf *(Sansevieria)* haben nur grüne Pflanzen hervorgebracht (siehe auch Seite 88).
Richtig: Die gelbgestreiften Sorten der *Sansevieria* müssen durch Teilung vermehrt werden.

Fehler: Kakteenstecklinge beginnen zu faulen.
Richtig: Stecklinge mindestens 1 Woche trocken liegenlassen, auch längere Lagerung schadet nicht, dann einpflanzen. Stecklinge von Säulenkakteen senkrecht trocknen lassen.

Fehler: Pikierte Jungpflanzen bilden keinen richtigen Erdballen.
Richtig: Zu lange Würzelchen vor dem Pikieren mit den Fingernägeln abknipsen. Sie verzweigen sich besser.

Fehler: Bei Kopfstecklingen krümmen sich die Spitzen und vertrocknen.
Richtig: Stecklingsspitzen sind zu weich, diese besser abknipsen. Jungpflanzen verzweigen sich später besser.

Fehler: Jungpflanzen in Torfsubstrat nehmen kein Wasser auf, das Wasser läuft durch.
Richtig: Torfsubstrate nie völlig austrocknen lassen. Trockene Torfballen 1–2 Stunden in die Wasserstande oder -tonne stellen, ebenso Multiplatten vor dem Verpflanzen tauchen.

Fehler: Gehölzstecklinge bilden zwar Kallus, aber noch keine Wurzeln.
Richtig: Gehölzstecklinge vor dem Stecken mit Bewurzelungshormonen (siehe Seite 21) behandeln, in diesem Fall Kallus etwas anschneiden.

Fehler: Ableger von Haseln bewurzeln sich schlecht.
Richtig: Die Triebe, die im Boden sind, sollten leicht mit dem Messer angeschnitten werden. Dort bilden sich dann die Wurzeln.

Blüte der Haselnuß (Corylus avellana)

Blüten, Früchte und Samen

Im Pflanzenreich existiert eine große Vielfalt der Fruchtformen (äußerer Ring). Die farbige Unterlegung der Illustration verdeutlicht die verschiedenen Gruppen unter den Früchten: Streufrüchte (rosa), Sammelfrüchte (grün), fleischige (gelb) und trockene Schließfrüchte (braun). Aus den Samen (innerer Ring) entwickeln sich dann die jungen Pflanzen.

Jostablüte (Ribes nidigrolaria)

Blüte der Akelei (Aquilegia-*Hybride)*

ⓐ *Kirsche: Steinfrucht*
ⓑ *Johannis- und Jostabeere: Beere*
ⓒ *Erdbeere: Sammelnußfrucht*
ⓓ *Himbeere: Sammelsteinfrucht*
ⓔ *Tulpe: Spaltkapsel*
ⓕ *Mohn: Kapsel*
ⓖ *Silberblatt: Schote*
ⓗ *Bohne: Hülse*
ⓙ *Akelei: Balgfrucht*
ⓚ *Weizen: Ähre*
ⓛ *Löwenzahn: Flugfrucht*
ⓜ *Haselnuß: Nuß*

Mohnblüte
(Papaver rhoeas)

Vermehrungs-Praxis

Gefäße

Eine Fülle von Gefäßen aus allen möglichen Materialien sind heute für die Pflanzenvermehrung erhältlich.
Leicht zu desinfizieren sind Behälter aus schlagfestem Kunststoff, dazu zählen runde oder eckige Töpfe sowie Schalen in verschiedenen Größen. Sie haben die früher gebräuchlichen Tontöpfe und Holzkisten abgelöst.

Für die Anzucht stehen Multitopfplatten und Einzeltöpfe in unterschiedlichen Größen und aus verschiedenen Materialien zur Verfügung.

Schalen

Saatschalen, im Handel erhältlich, sind meist 40 × 60 cm groß und 6 cm tief. Sie müssen am Boden mehrere Löcher für den Wasserabzug aufweisen. Kleiner sind die praktischen Saatgefäße aus Styropor. Ihre Haltbarkeit ist allerdings sehr gering. Dank ihrer günstigen Eigenschaften für das Gedeihen der Sämlinge werden sie im Erwerbsgartenbau vornehmlich eingesetzt.
Der Nachteil aller Schalen ist, daß die Sämlinge nach dem Auflaufen bald pikiert werden müssen. Beim Aufnehmen der Sämlinge werden immer wieder Würzelchen abgerissen, durch die Wunden können Erreger eindringen. Durch den Verpflanzungsschock stagniert das Wachstum zunächst, bis sich wieder neue Wurzeln gebildet haben.

Multitopfplatten

Vielseitiger verwendbar sind die sogenannten Multitopfplatten. Sie bestehen aus vielen aneinandergereihten Töpfen. Jede Platte ist 50 × 30 cm groß, die Durchmesser der runden Vertiefungen reichen von 3,5 cm, 4 cm, 5 cm, 6 cm bis 7 cm. Je nach Größe zählt man daher 96, 73, 51, 38 und 24 „Töpfe".

Weiter stehen auch PVC-Pikiertopfkisten in der Größe von 40 × 60 cm mit quadratischen Öffnungen der Größen 4,6 cm, 6 cm und 8 cm zur Verfügung.

Einzeltöpfe

Für kleinere Mengen sind nach wie vor runde und eckige Töpfe aus Kunststoff ab 5 cm Durchmesser gebräuchlich. Sie sind sehr leicht, und die Pflanzen benötigen weniger Wasser als im alten, schweren Tontopf.
Einzeltöpfe sind auch aus gepreßtem Torf und neuerdings aus Papier erhältlich. Sie verwendet man nur einmal, denn die Wurzeln können das Topfmaterial durchwachsen. Man pflanzt also den Topf mit aus, das lästige Austopfen entfällt.
Interessant für den Hobbygärtner sind die Torfquelltöpfe, z. B. Jiffy-7. Es handelt sich dabei um Torf in Tablettenform, der mit einer feinen Gaze umgeben und stark zusammengepreßt ist. Beim Anfeuchten wächst die Tablette innerhalb von 5 Minuten wie durch Zauberhand in die Höhe. Nun kann der Samen direkt in die Torfmasse gedrückt werden. Nach der Keimung ent-

wickelt sich die junge Pflanze in dem Torfsubstrat und durchwurzelt es völlig. Nach genügender Entwicklung kann alles komplett in größere Töpfe verpflanzt werden.

Desinfektion
Vor der Benutzung der Gefäße müssen diese desinfiziert werden. Ein geeignetes Präparat ist Delegol. Man nimmt 10–20 ml Lösung auf 10 l Wasser (1–2%) und taucht die Gefäße 15–20 Minuten in der Mischung. Zuvor muß man die Gefäße natürlich gründlich reinigen. Sofort nach der Trocknung können die Gefäße verwendet werden.

Ein Frühbeetkasten, der sogenannte kalte Kasten, wird hergerichtet.

Werkzeuge und weitere Hilfsmittel

Daß die zur Vermehrung erforderlichen **Werkzeuge**, wie Messer und Scheren, gut gereinigt und vor allem scharf sein sollen, ist sicherlich selbstverständlich. Man benützt zur Schärfung feinkörnige Natursteine, Belgische Brocken genannt, oder künstlich hergestellte Abziehsteine. Die zu schärfenden Messer legt man flach auf die mit Wasser benetzten Steine und schärft sie auf einer Seite durch kreisförmige Bewegungen.
Ebenso schärft man von Zeit zu Zeit die Klingen der Scheren und spendet ihnen einen Tropfen Öl.

Handsprüher und Gießkannen

Zum Angießen der Saatkisten eignen sich Handsprüher mit einem Inhalt von 0,5 l oder mehr. Haltbarer sind die kleinen Gießkannen aus verzinktem Stahlblech, die im Fachhandel erhältlich sind und 2–2,5 l Wasser fassen. Sie gibt es mit verschiedenen Brauseköpfen.
Für Sämlinge verwendet man den haarfeinen Kopf.

Folien und Vliese

Weitere Hilfsmittel ermöglichen dem Hobbygärtner, seine Lieblinge problemlos zu kultivieren. Verschiedene Folienarten und Vliese werden über die Kulturen gelegt, die die Verdunstung verringern und auch vor leichten Frösten schützen, aber Regen durchlassen. Frühgemüse unter Folientunnels reift in diesem Windschutz rascher heran.

Frühbeetkasten

Aufwendiger ist ein Frühbeetkasten, der auch mehr Pflege verlangt. Während ein warmer Kasten unten eine Packung Pferdemist erhält, ist dies beim kalten Kasten nicht erforderlich. Gerade der einfache Kasten eignet sich gut für die Stecklingsvermehrung, während im warmen Kasten die pikierten Sommerblumen gut heranwachsen können.

Kleingewächshaus

Wer sich dagegen ein Kleingewächshaus aufstellen kann, ist fein heraus. Darin ist

Kleingewächshaus eines Pflanzensammlers: Darin lassen sich vielerlei Pflanzen vom Wetter unabhängig kultivieren und vermehren.

Aus Vermiculite (hellbraun, oben), einem Dauerdünger (z. B. Plantosan, beige, unten), Torf (dunkelbraun) und Sand wird die Pikiererde gemischt.

man völlig vom Wetter unabhängig und kann bei entsprechender Einrichtung alle möglichen Pflanzen vermehren und kultivieren. Bei entsprechender Heizmöglichkeit dient es auch zur Überwinterung der frostempfindlichen Balkon- und Kübelpflanzen.

Erden

Längst nicht jede Erde eignet sich für die Vermehrung unserer Gewächse. Vor allen Dingen muß die **Vermehrungserde** keimfrei und locker sein. Sie muß Wasser speichern können, aber auch noch genügend Luft enthalten, selbst wenn sie völlig mit Feuchtigkeit gesättigt ist. Ferner dürfen in diesen Substraten wenig Nährstoffe sein, denn die feinen Würzelchen können dieses Überangebot nicht verwerten, sie gehen sogar daran zugrunde. In einem nährstoffarmen Substrat werden sogar viel mehr Wurzeln gebildet, weil die Saugwurzeln auf der Suche nach Nährstoffen längere Wege zurücklegen müssen. So dient also eine Vermehrungserde dem Sämling oder Steckling eher als Standort und weniger als Nährstofflieferant.

In idealer Weise erfüllt der Weißtorf alle diese Anforderungen. Er enthält dazu noch Huminsäuren, die für die Wurzelbildung günstig sind. Die Verwendung von Torf ist daher trotz intensiver Suche nach Torf-Ersatzstoffen bei der Vermehrung weiterhin unentbehrlich.

Anders müssen die Eigenschaften der Erden sein, die für die Weiterkultur verwendet werden. **Pikiererden** müssen ähnlich wie die Vermehrungserden zusammengesetzt sein, aber mehr Nährstoffe enthalten. Noch mehr Dünger sind in den **Topferden** zu finden. Diese benötigt man für starkzehrende Pflanzenarten und für Dauerkulturen.

All diese Anforderungen erfüllen die vom Handel angebotenen Erdmischungen, die der Gärtner als Substrate bezeichnet. Natürlich ist es auch möglich, sich die Erden selbst herzustellen. Eigene Mischungen werden als Praxiserden bezeichnet, weil sie sich in der Praxis bewährt haben. Wichtigste Erde ist die Komposterde. Diese hat viele günstige

Mischungen für Aussaat/Stecklinge

- Für viele Pflanzen genügt ein Gemisch aus Weißtorf und Quarzsand zu gleichen Teilen. Der Torf muß vor der Verwendung gut angefeuchtet werden.
- Einheitserde VM enthält neben Torf und Ton auch Perlite, ein weißes, lockeres Produkt in Granulatform.
- In einigen Gartenbaubetrieben werden Nelken- und Chrysanthemenstecklinge in reinem Perlite vermehrt.
- Diese Mischungen sind gemeint, wenn im Buch der Begriff **Vermehrungssubstrat/erde** auftaucht!

Mischungen für die Weiterkultur

- **Pikiererden** stellt man sich aus Torf und Quarzsand mit einem Zusatz von gut verrotteter Komposterde her, dazu gibt man 1,5 kg Volldünger pro Kubikmeter Erde.
- Im Handel erhält man für diesen Zweck TKS 1, ein schwach gedüngtes Torfkultursubstrat aus Weißtorf, dem wenig zersetzten Hochmoortorf.
- Die Einheitserde P enthält Torf, Ton und wenig Nährstoffe. Diese Mischungen sind vielfältig erprobt.

- **Topferden** werden mit 3 kg Volldünger je Kubikmeter Erde vermischt. Man nimmt dazu Mistbeet- oder Komposterde mit einem Sand- und Torfzusatz.
- Der Handel bietet für diesen Zweck folgende Substrate an: TKS 2 mit 3 kg Volldünger je Kubikmeter Torf und die Einheitserde T, die wiederum aus Torf und Ton besteht, aber ebenfalls mehr Nährstoffe enthält.
- Bei den käuflichen Tütenerden achte man weniger auf den meist klangvollen Namen, sondern auf die angegebenen Inhaltsstoffe. Fehlt die Inhaltsangabe, ist Vorsicht angebracht!

Eigenschaften, aber einen sehr großen Nachteil, sie ist nicht keimfrei. Möchte man sie zur Anzucht verwenden, muß man sie vor Gebrauch sterilisieren. Dies geschieht durch Dämpfung mit heißem Wasserdampf oder auf chemischem Wege.
Einfacher ist es, wenn man sich die weitgehend keimfreien Substrate zur Anzucht im Handel besorgt.

Pflanzenschutz

Da die verwendeten Werkzeuge sauber und die käuflichen Substrate weitgehend keimfrei sind oder sein sollen, hat man wenig Probleme mit Krankheiten.

Schimmelpilze

Treten dennoch Schäden auf, so handelt es sich meist um Schadpilze, die sich in der feuchtwarmen Umgebung rasch entwikkeln können. Keimlinge können bei Befall plötzlich umfallen, auch stellt man Schimmelbildung auf der Erde fest. In solchen Fällen muß rasch gehandelt werden. Noch nicht befallene Keimlinge sollten umgehend in frisches Substrat umpikiert werden. Manchmal hilft auch das großzügige Entfernen der befallenen Erde.
Letzte Rettung ist die Behandlung mit einem Fungizid, welches Schadpilze bekämpft. Doch die meisten chemischen Mittel sollten vorbeugend angewandt werden. Ist der Befall eingetreten, ist oft die Behandlung schon zu spät. Ein altbewährtes Mittel ist Chinosol in Tablettenform. Eine Tablette wird in 2 l Wasser aufgelöst. Mit dieser Lösung überbraust man mehrmals die Anzuchten.
Vorbeugend, d. h. sofort nach der Aussaat, gießt man mit einer Fungizidlösung an. Dafür eignet sich z. B. Previcur oder Polyram-Combi. Man nehme 1,5 ml auf 1 l Wasser und verteile das Mittel gleichmäßig in einer Kunststoffkanne.

Beizen

Eine weitere Vorsichtsmaßnahme ist das Beizen von wertvollen Samenkörnern vor der Aussaat. Das Saatgut gibt man in einen gut verschließbaren Behälter und gibt nach Gebrauchsanweisung das meist pulverförmige Mittel dazu. Durch längeres Schütteln verteilt sich das Mittel auf den Samenkörnern. Mit Hilfe eines Mehlsiebes wird das überschüssige Präparat abgesiebt, und die Aussaat kann anschließend durchgeführt werden.

Tierische Schädlinge

Auch auf tierische Schädlinge muß geachtet werden. Im Freien können oft Amseln die Saatgefäße durchwühlen, ebenfalls ist auf Schnecken zu achten, denen die jungen Keimlinge besonders gut munden. Gegen Vögel helfen feinmaschige Netze, die man über die Saatgefäße legt, Schnecken sammle man ab.

Bewurzelungsfördernde Stoffe und Hemmstoffe

Stecklinge verschiedener Gehölzarten bewurzeln sich sehr schwer. Durch die Anwendung von **Wuchsstoffen** wird die Bildung von Zellen beschleunigt. Für den Pflanzenliebhaber haben sich pulverförmige Wuchsstoffe bewährt, denn diese sind einfach zu verwenden. Im Handel sind erhältlich: Wurzelfix, Seradix und Rhizopon, die letzteren in verschiedenen Konzentrationen. Das Ende der fertig geschnittenen Stecklinge taucht man kurz in das Pulver und schnippt mit dem Zeigefinger das überschüssige Pulver ab. Dann wird sofort gesteckt.

Hemmstoffe reduzieren dagegen das Wachstum der Pflanzen. Zierpflanzen, die kompakt wachsen sollen, werden im Gartenbau mehrmals mit Hemmstoffen behandelt. Der Kunde erhält somit eine gleichmäßig gewachsene Topfpflanze. Einige Zeit später läßt aber die Wirkung der Behandlung nach, die Pflanze beginnt normal zu wachsen.

Generative Vermehrung

Aussaat

Beschaffenheit des Saatgutes

Kauf

In vielen Geschäften werden Samen aller möglichen Arten in kleinen Portionen angeboten. Meist stammt dieses Saatgut von bekannten Saatzuchtfirmen. Diese beziehen grob gereinigte Samen von Vertragsfirmen aus der ganzen Welt. Mit speziellen Maschinen und Geräten wird nun der Samen zum Saatgut aufbereitet, also mehrfach gereinigt und auch nach Größe sortiert und abgefüllt. Das Saatgut ist dort auf Rein-

Fortsetzung siehe Seite 24

Früchte und Samen von Mandeln, Bohnen und Avocado

Pflanzenvermehrung auf einen Blick

Die verschiedenen Möglichkeiten der vegetativen und generativen Vermehrung von Pflanzen sind hier an einer futuristischen Pflanze dargestellt.

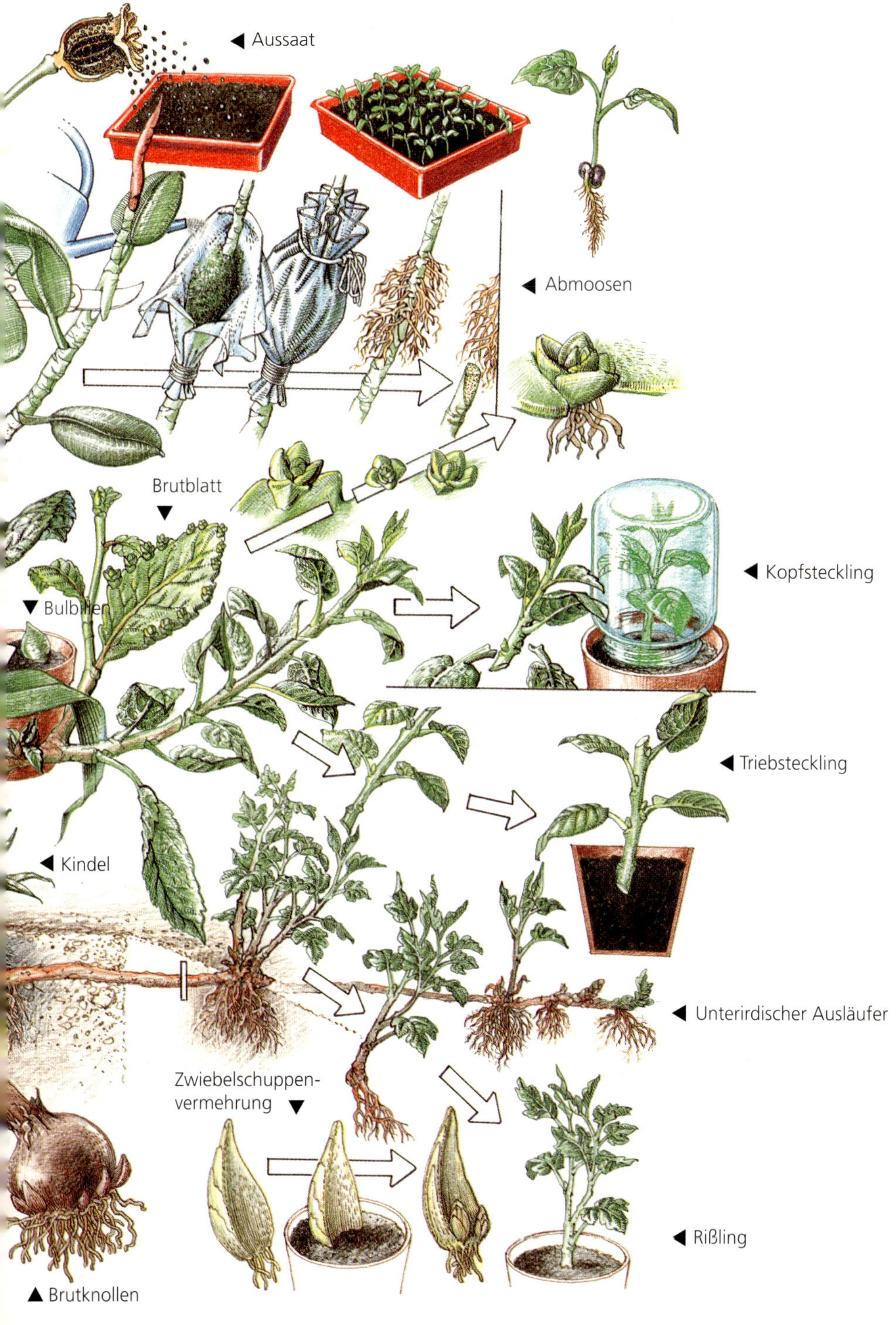
Aussaat
Abmoosen
Brutblatt
Bulbillen
Kopfsteckling
Triebsteckling
Kindel
Unterirdischer Ausläufer
Zwiebelschuppen-
vermehrung
Rißling
Brutknollen

heit und Keimfähigkeit geprüft worden. Die Saatzuchtfirmen sind auf ihren guten Ruf bedacht, nicht umsonst lautet ihr Slogan: Samenkauf ist Vertrauenssache.
Alles weitere hängt nun von der richtigen Lagerung ab. In den Kühlräumen der Samenfirmen wird das Saatgut optimal gelagert (kühl, dunkel in geschlossenen Gefäßen).
Sofort nach der Abfüllung in Kleinpackungen gelangt das Saatgut in den Einzelhandel.

Tips zum Samenkauf:
Samen in Papiertüten sollten baldmöglichst ausgesät werden, da deren Keimkraft bald nachläßt. Besser sind sogenannte Keimschutzpackungen. Die Samen sind darin luftdicht versiegelt, sie keimen besser.
Auch besitzen größere Samen der gleichen Art eine höhere Keimenergie, sie ergeben rascher gutwachsende Pflanzen. Aus diesem Grund werden Samen nach Größe sortiert (kalibriert).
Manche feinere Sämereien werden pilliert oder granuliert angeboten. Diese Samen sind von einer Masse aus Torf und Porzellanerde (Kaolin) umhüllt. Sie lassen sich gleichmäßiger und besser aussäen, vor allem mit Sämaschinen. Oft besitzen sie noch eine Schutzhülle gegen Tierfraß und Fäulnis.

Zur Bequemlichkeit tragen auch Samenbänder und Saatplatten bei:
- Von Spezialbetrieben werden vorwiegend Gemüsesamen zwischen Zellstoffbahnen eingelegt. Man braucht also nur Rillen auf dem Beet zu ziehen, das Saatband einzulegen und mit Erde abzudecken.
- Saatplatten werden in mit Substrat gefüllte Aussaatschalen gelegt und mit Erde abgedeckt und angegossen. In kurzer Zeit keimen die Samenkörner, die bereits maschinell in Abständen gelegt wurden, so daß das zeitraubende Pikieren entfällt.

Eigene Samenernte

Es macht viel Freude, wenn man von selbstgeerntetem Samen Jungpflanzen heranziehen möchte. Einige Tips dazu:
- Hat man mehrere Pflanzen der gleichen Art zur Auswahl, wählt man als Mutterpflanzen diejenigen aus, die besonders viele gute Eigenschaften vereinen. Dazu zählen Gesundheit, Reichblütigkeit, Blütenfarbe, Blütengröße, Stabilität und vieles mehr.
- Zur Samenernte wähle man trockenes Wetter aus, damit die Samen nicht bald zu faulen beginnen. Feuchte Samen werden auf Fließpapier nachgetrocknet.
- Im kühlen Keller bewahrt man die Samen bis zur Reinigung trocken in Papiertüten auf, die man natürlich sofort beschriftet hat. In den arbeitsarmen Wintermonaten hat man eher Zeit zur Reinigung (Samenstände entfernen, mit Sieben die eigentlichen Samen heraussortieren).

Der richtige Zeitpunkt der Samenreife ist entscheidend für den späteren Erfolg. Üblich ist die Ernte bei Vollreife der Samen.

Die Akelei (Aquilegia, *unten frischer Samenstand, oben getrocknet mit Samen) läßt sich am besten durch selbstgesammelten Samen vermehren.*

Der Samen von Zierlauch (Allium, *links), von Bechermalven* (Lavatera) *und Nachtkerzen* (Oenothera, *beides rechts) wird getrocknet.*

Manche Arten müssen aber vorher geerntet werden. Dazu zählen Nadelgehölze. Man erntet die Samen von Nadelgehölzen am frühen Morgen, wenn die braunen Zapfenschuppen noch geschlossen sind. Bei Zimmertemperatur öffnen sich die Zapfenschuppen, und die Samen kann man nun herausschütteln.

Manche Samen werden bei der Vollreife ausgeschleudert. Dazu zählen Springkraut, Zaubernuß, Ginster und andere Arten. Wertvolle Samen umhüllt man vor der Reife mit einem Leinensäckchen, so daß die Samen aufgefangen werden. Ungünstig sind Plastikfolien, denn sie fördern die Fäulnis.

Kauft man Christrosensamen in der Tüte, so ist das Keimergebnis unbefriedigend, denn die Samen keimen meist erst im zweiten Jahr. Erntet man den Samen selbst, so sollte man dies vor der Vollreife tun und die Samen sofort aussäen. Das Keimergebnis ist nun viel besser, denn die Samen keimen schon im ersten Jahr. Die Ursache ist darin zu suchen, daß die Samenschale noch nicht ganz erhärtet ist. Normalerweise gehören nämlich die Hahnenfußgewächse, wie z. B. Christrosen, zu den Schwerkeimern (siehe Seite 29); ihre Samen können lange lagern und noch nach Jahrzehnten keimen.

Eigene Züchtungen

Wer sich über längere Zeit intensiv mit einer Pflanzengattung beschäftigt, möchte noch schönere Blüten oder gesündere Sorten selbst erzeugen. Dies ist nur möglich, indem man Kreuzungen vornimmt.

Die Erkenntnisse von Gregor Mendel sind hier nützlich. Er stellte u.a. fest, wenn man eine rotblühende Pflanze mit einer anderen der gleichen Art kreuzt, die weiße Blüten aufweist, so bekommt man Pflanzen mit neuen Farbtönen. Die Hälfte der Pflanzen besitzt rosa Blüten, ein Viertel hat rote, das restliche Viertel wieder weiße Blüten.

In der Natur werden auf diese Weise willkürlich Kreuzungen erzeugt, weil Wind oder Insekten den männlichen Pollen auf die weibliche Narbe übertragen.

Wer gezielt züchten möchte, der sucht sich Elternpflanzen aus, die diese bestimmten guten Eigenschaften (wie z. B. Farbe, Duft, Wuchs) haben. Zur Reifezeit der Blütenorgane werden mit einem Pinselchen Pollen entnommen und auf der reifen Narbe abge-

Narbe und Staubgefäße einer Krokusblüte: Zur Bestäubung muß der Pollen, z. B. mit einem Pinselchen, auf die Narbe gebracht werden.

streift. Dies muß geschehen, bevor eine Biene die weibliche Blüte besucht hat. Man umhüllt daher die Blüte der zukünftigen Mutterpflanze mit Gaze, bis die Narbe empfangsbereit ist. Dann öffnet man die Gaze und bringt den Pollen einer männlichen Blüte auf die Narbe. Anschließend wird die bestäubte Blüte wieder umhüllt. Ein Etikett an der Blüte weist auf die Vatersorte hin. Alle Daten werden in einem Zuchtbüchlein vermerkt. Auf diese Weise weiß man später, wie die Züchtung zustande kam.

Die daraus entstandenen Samen werden später sorgfältig behandelt (Kontrolle auf Schädlinge und Krankheiten usw.). Nach einigen Jahren sieht man die ersten Blüten. Dann muß der Züchter entscheiden, ob die Zöglinge etwas taugen. Alle schlechten Sämlinge werden entfernt (Negativauslese, Entfernen von z. B. verkrüppelten, schwach wachsenden und krankheitsanfälligen Pflanzen). Die Sämlinge mit guten Eigenschaften werden weiter geprüft, ob sie wirklich besser sind als die Elternpflanzen.

Erst nach vielen Jahren wird sich der Erfolg einstellen. Dann muß die neue, bessere Sorte vegetativ weitervermehrt werden, um die neuen Eigenschaften zu erhalten.

Auf diese Weise sind schon viele Neuheiten entstanden, viele auch bei Pflanzenliebhabern. Man denke nur an die unzähligen schönen Sorten von Lilien, Schwertlilien, Rosen und Orchideen. Aber Geduld ist hier besonders gefragt.

Vorbehandlung der Samen

Während man viele Samen bald nach dem Kauf ohne weiteres aussäen kann, müssen die hartschaligen Samen vorbehandelt werden.

Feste Schalen sind für die Pflanze insofern von Vorteil, da der Same über mehrere Jahre im Boden seine Keimkraft behält, um dann bei besonders günstigen Verhältnissen zu keimen. Im Boden wird mit der Zeit die Samenschale durch Mikroorganismen porös. Durch Aufrauhen oder Anfeilen der größeren Samen kann man den Keimungsprozeß beschleunigen.

Bei größeren Samenmengen werden im Gartenbau und der Landwirtschaft auch Kleeritzmaschinen eingesetzt. In eine Trommel gibt man fingernagelgroße Glassplitter und Samen im Verhältnis 4:1, dreht das Gemisch eine halbe Stunde und siebt dann das Saatgut heraus. Samen von Schmetterlingsblütlern (Klee, Lupinen, Ginster usw.) eignen sich für diese Methode.

<u>Quellen der trockenen Samen</u>

Bei der trockenen Lagerung der Samen wird Wasser abgegeben. Die Körner sehen dann runzelig aus. Bei vielen Arten ist es hier zweckmäßig, die Samen einige Stunden in Wasser quellen zu lassen. Dazu zählen u.a. Mais, Erbsen, Bohnen und viele andere großkörnige Samen. In kurzer Zeit haben die runzeligen Samenkörner Wasser aufgenommen und sehen nun prall gefüllt aus.

Man trocknet nun die keimbereiten Samen kurz ab und sollte sie sofort aussäen. Die meisten Samenkörner keimen dann rasch. Wartet man mit der Aussaat nach dem Aufquellen, können bei feuchter Lagerung Pilze auftreten, bei erneuter Trocknung kann sogar der Keimling geschädigt werden.

<u>Behandlung von Samen mit Fruchtfleisch</u>

Anders werden Beerenfrüchte behandelt. Hier sind die Samen von einer fleischigen Fruchthülle umgeben. Viele Früchte fallen zu Boden, keimen aber im Herbst nicht, weil das Fruchtfleisch keimhemmende Stoffe enthält, die erst abgebaut werden müssen. In der Natur geschieht dies im Winterhalbjahr durch die Einflüsse von Feuchtigkeit und Kälte. Bei einer sofortigen Aussaat im Herbst keimen die Pflanzen erst im Frühjahr. Junge Keimlinge sind äußerst empfindlich gegen Kälte. Sie würden bei einer Herbstkeimung erfrieren.

Andererseits sollen die bunt gefärbten Früchte Vögel anlocken, die das saftige

Stratifikation:
1. *Das Aussaatgefäß erhält eine Dränage aus grobem Sand, dann werden Samen und Sand in getrennten Lagen schichtweise eingebracht. Kleine Samen können auch mit Sand gemischt werden.*

2. *Fertig gefüllter Topf mit Etikett, bereit zum Aufstellen in einem frostfreiem Raum.*

Reife Frucht einer Ölweide (Elaeagnus multiflora, *siehe Seite 135), nach Stratifikation kann der Samen ausgesät werden.*

Fruchtfleisch schätzen und verzehren. Die kleinen Samenkerne werden mitverschluckt. Die unverdaulichen Samen scheidet der Vogel an anderer Stelle wieder aus. Bereits im Vogelmagen werden die Samenschalen durch die Magensäure angelöst. Ebenso werden im Magen auch keimhemmende Stoffe abgebaut, die sich im Fruchtfleisch befinden. Die Samenkerne sind beim Ausscheiden von Kot, also auch von Nährstoffen umhüllt. Ist der neue Standort günstig, können sie dort wieder keimen und eine neue Pflanze bilden.

Maßnahmen der Samenvorbehandlung

Der Gärtner ahmt mit verschiedenen Verfahren die Natur nach:

Gären

Die geernteten Beeren werden vorsichtig zerquetscht, dann gibt man sie in ein Gefäß, fügt etwas Wasser hinzu und läßt das

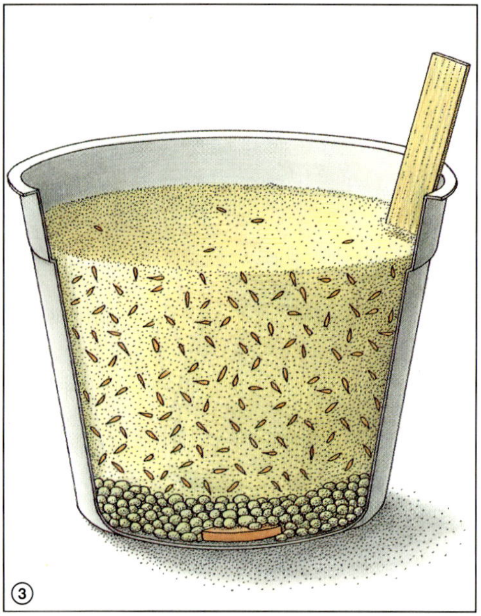

3. *Anstatt in Schichten können die Samen auch ungeschichtet, mit Sand vermischt, eingefüllt werden.*

Ganze einige Tage im warmen Zimmer stehen. Bald geht die ganze Masse in Gärung über. Durch leichten Druck lassen sich die Samen leicht unter fließendem Wasser vom Fruchtfleisch lösen, wenn man ein Sieb zu Hilfe nimmt. Dies ist wichtig, da das Fruchtfleisch keimhemmende Stoffe enthält.

Stratifizieren

Darunter versteht man das Einlagern der Samen schichtweise in feuchten Sand. Nur wenn das Substrat dauernd feucht (nicht naß!) gehalten wird, werden die keimhemmenden Stoffe abgebaut.

Man kann durchaus die ganzen Früchte in Sand einlagern, der Erfolg ist aber besser, wenn das Fruchtfleisch vorher durch Gärung entfernt wurde.

Der Sand sollte grobkörnig und keimfrei sein. Als Gefäße eignen sich Töpfe, Schalen und Plastikeimer, ein Wasserabzug muß gewährleistet sein. Diese werden abwechselnd mit Sand- und Samenschichten gefüllt. Auch das Mischen der Samen mit Sand hat sich bewährt. Die Gefäße werden nun im Freien eingegraben oder im kühlen Keller frostfrei aufgestellt.

Stets sollen die Gefäße vor Mäusen und Vögeln gesichert werden. Dies geschieht am besten mit einer Umhüllung aus Maschendraht. Während draußen Wind und Wetter einwirken können, müssen die Gefäße im Keller von Zeit zu Zeit überprüft und bei Bedarf gegossen werden, damit das Substrat nicht austrocknet.

Die Stratifizierdauer hängt von den einzelnen Arten ab. Bei den meisten Samen genügt das Winterhalbjahr, andere liegen noch ein weiteres Jahr über. Samen von Heckenrosen *(Rosa canina)* brauchen eine Stratifizierdauer von 18 Monaten. Die ersten Keimlinge erscheinen also erst im übernächsten Frühling.

Ist die Lagerung zu warm, beginnen die Samen schon frühzeitig zu keimen. In diesem Falle muß umgehend die Aussaat erfolgen. Im Normalfall wartet man mit der Aussaat von Freilandpflanzen bis zum Frühling.

Die stratifizierten Samen werden mit Sieben vom Sand befreit. Einfacher ist es, wenn man den Sand gleich mit aussät.

Licht-, Dunkel-, Kalt- und Schwerkeimer

In der Praxis unterscheidet man zwischen Licht- und Dunkelkeimern sowie zwischen Kalt- oder Frostkeimern und Schwerkeimern. Diese Unterscheidung ist nicht immer streng möglich, weil noch viele andere Faktoren die Keimung beeinflussen können. Doch sie wirkt sich meist auf die Zeit der Aussaat aus.

Lichtkeimer

Lichtkeimer benötigen das Licht zur Keimstimulation. Dazu zählen viele Arten, deren Samen im Boden längere Zeit überdauern. Erhalten sie nun plötzlich viel Licht, etwa durch Abholzungen von Waldteilen, beginnen sie zu keimen. Kahle Flächen verwandeln sich daher in kurzer Zeit in grüne, blühende Hänge. Zu diesen Kahlschlagbegrünern gehören Weidenröschen, Roter Fingerhut und viele andere Arten, besonders solche, die man als Wildkräuter bezeichnet.

Dunkelkeimer

Dazu zählen Stiefmütterchen, Rittersporn und Ackersalat. Sie bedeckt man bis zur Keimung mit Tüchern, schwarzen Folien oder Zeitungen. Auch Alpenveilchen keimen in der Natur bevorzugt in Felsspalten, also im Dunkeln.

Kaltkeimer

Zu den Kalt- oder Frostkeimern zählen viele alpine Stauden, deren Samen von Dezember bis Februar ausgesät werden. Die keimhemmenden Stoffe der Samenschale werden nur dann abgebaut, wenn die Saaten zuerst einige Wochen eine kühle Phase durchlaufen, danach eine wärmere Behandlung erfahren. Betrachten wir zunächst den Ablauf in der Natur.

Im natürlichen Lebensraum der Alpenpflanzen fallen die Samen im Herbst aus, der Wind verbreitet sie, dann werden sie viele Wochen vom Schnee bedeckt. Unter dem schützenden Schneepolster herrschen in den meisten Fällen angenehme Temperaturen um den Gefrierpunkt. Wenn dann der Bergfrühling einsetzt, schmilzt der Schnee und schwemmt die keimhemmenden Stoffe ab. Dann setzen wärmere Temperaturen ein, und die Samen können keimen.

Wenn wir die Natur als Vorbild nehmen, so säen wir diese Samen sofort nach Erhalt im Winter aus, gießen die Gefäße an und bringen sie ins Freie. Dort müssen sie durch Maschendraht vor Vogel- und Mäusefraß geschützt werden. Temperaturen unter dem Gefrierpunkt schaden nicht, solange die Samen nicht keimen. Im Keimstadium sind eigentlich alle Samen empfindlich gegen Frost und Trockenheit. Für die Kaltkeimer genügen Temperaturen zwischen 0 und + 5 °C. Am besten ist es, wenn wir Schnee auf die Saatgefäße geben. Das schmelzende Schneewasser ist die beste Voraussetzung für die Keimung der Alpenpflanzen. Erhält man die Samen zu spät, legt man die Aussaatgefäße für einige Tage in den Kühlschrank.

Nach dieser Behandlung werden die Saatschalen bei einer Temperatur zwischen 10 und 15 °C hell aufgestellt und zur Keimung gebracht.

Schwerkeimer

Zu dieser Gruppe gehören die meisten Vertreter der Hahnenfußgewächse und auch der Mohngewächse. Trollblumen *(Trollius)*, Akelei *(Aquilegia)*, Christrose *(Helleborus)*, Rittersporn *(Delphinium)*, Tränendes Herz *(Dicentra)* und Scheinmohn *(Meconopsis)* sind einige Pflanzenarten, deren Samen unregelmäßig keimen und oft noch ein ganzes Jahr überliegen.

Es ist bei all diesen Stauden sinnvoll, jede Art oder Sorte in einem eigenen Gefäß auszusäen. Einmal benötigt der Hobbygärtner keine großen Mengen einer Sorte, zum an-

Der Rittersporn (Delphinium, *siehe Seite 121) gehört zu den Schwerkeimern.*

deren keimen die Pflanzen sehr unterschiedlich. Man bereitet also viele Töpfe vor und etikettiert diese mit einem wasserfesten Stift.

Bei allen Schwerkeimern achte man in der Umgebung der Mutterpflanzen auf junge Keimlinge. Man spart sich die Mühe der Aussaat, etwa bei Christrosen, wenn man die jungen Sämlinge im Frühling ausgräbt und in Töpfen weiterkultiviert.

Aussaatzeitpunkt

Die meisten Samen werden im Frühling ausgesät. Dazu zählen vor allem Gehölze und Stauden aller Art, die man im April und Mai im Freien oder unter Glas aussät (siehe dazu Seite 112).

Alpenpflanzen und andere Kaltkeimer (siehe dazu Seite 29) sollte man allerdings schon im Winter aussäen und die Gefäße dem Frost aussetzen. Noch besser ist es, wenn man die Gefäße mit Schnee bedeckt. Das Schmelzwasser baut die keimhemmenden Stoffe ab und regt die Samen zur Keimung an.

Nicht winterharte Gewächse (Zimmerpflanzen und Einjahresblumen) sät man schon im Vorfrühling aus, etwa im Kleingewächshaus oder an der Fensterbank. Bis zu den Eisheiligen Mitte Mai sind die Sommerblumen schon so groß, daß sie ins Freie gebracht werden können. Die jungen Zimmerpflanzen bleiben aber dauernd in geschützten Räumen.

Aussaaten am Fensterbrett

Dem Pflanzenfreund ist es möglich, mit einfachen Mitteln am Fensterbrett günstige Keimbedingungen zu schaffen. Dort herrscht genügend Licht, durch die Heizkörper unter dem Fenster ist auch genügend Wärme vorhanden. Schon im Vorfrühling kann man hier in Töpfen oder kleinen Schalen empfindliche Saaten zur Keimung bringen.

Vorbereitung

Meist werden Pflanzen nur in kleineren Mengen benötigt. Daher benötigt man Töpfe, Schalen oder Multitopfplatten, die

Aussaat: Aussaatgefäße mit magerem Substrat füllen **(1)***, abstreichen und vorsichtig verdichten* **(2)***. Gleichmäßige Aussaat, dazu feinere Samen aus der Tüte säen* **(3)***, gröbere Samen mit zwei Fingern auslegen* **(4)***. Übersieben in der Stärke der Samenkörner* **(5)***. Anfeuchten nicht vergessen! Die ersten Keimlinge erscheinen mit ihren Keimblättern* **(6)***.*

Auch in Torfquelltöpfen (Jiffy-7) kann ausgesät werden. Ganz einfach drückt man den Samen direkt in die Torfmasse.

Treiberei von verschiedenen Blumenzwiebeln und Knollen:
Iris *und* Crocus

vor der Benutzung gründlich gereinigt und desinfiziert wurden (siehe Seite 18). Sie werden nun mit Vermehrungssubstrat (siehe Seite 20) gefüllt, das wenig Nährstoffe aufweist und locker ist. Bewährt hat sich eine Mischung aus Quarzsand, Torf und gedämpfter Komposterde.
Die Gefäße werden nun locker mit dem Substrat gefüllt, mit einem Holz eben gestrichen und leicht angedrückt, so daß ein Gießrand von etwa 1 cm entsteht. Nun kann ausgesät werden.

Aussaatverfahren

Als Faustregel gilt, daß die Samenkörner der meisten Pflanzen mit so viel Erde bedeckt werden sollen, daß es der doppelten Samenstärke entspricht. Grobkörnige Samen können auch noch in tieferen Lagen gut keimen. Ganz feinkörnige Samen bedeckt man überhaupt nicht. Großkörnige Samen legt man einzeln oder zu mehreren in einen Topf und drückt sie tief in die Erde. Verwendet man Multitopfplatten zur Aussaat, so gibt man in jede Vertiefung ein Samenkorn.
Nach der Saat werden die Körner mit Erde übersiebt. Je feiner die Samen sind, desto feiner soll auch die Maschenweite der Siebe sein, die man dazu verwendet.
Vorsichtig wird nun alles angedrückt und mit feiner Brause angegossen, so daß nichts abgeschwemmt wird. Neben der Feuchtigkeit sind nun Licht und Wärme erforderlich, um den Keimvorgang einzuleiten. Um die Verdunstung zu reduzieren, bedeckt man die Aussaatgefäße mit Folie oder einer Glasscheibe.
Wenn die ersten Keimlinge die Erde durchstoßen, muß durch Lüften ein Entstehen von Pilzkrankheiten verhindert werden. Bei Saatschalen genügt dafür ein kleines Hölzchen, welches man unter die Scheibe schiebt.
Vor starker Besonnung sind die Keimlinge zu schützen. Es genügt, wenn man dann Zeitungspapier auf die Scheibe legt.
Nach einigen Tagen sind dann die Keimlinge so erstarkt, daß man sie pikieren (vereinzeln, siehe dazu Seite 33) kann.
Sollen die Pflänzchen ins Freie ausgepflanzt werden, so müssen sie abgehärtet werden. Man bringt die Gefäße tagsüber einige Stunden ins Freie und drosselt die Wärme im Zimmer.

Zum Auspflanzen im Freiland wählt man einen regnerischen Tag oder beschattet die Pflanzen einige Tage lang.

Die **Aussaat von Kakteensamen** ist ausführlich auf Seite 93 besprochen.
Die langwierige **Anzucht von Farnsporen** ist auf Seite 97 beschrieben.
Die **Aussaat von Orchideensamen** ist eine Angelegenheit für Spezialisten (siehe Seite 101).

Aussaaten im Freiland

Viele Pflanzenarten sät man direkt ins Freie. Dies geschieht meist Anfang Mai, wenn der Boden abgetrocknet ist und keine Fröste mehr zu erwarten sind. Dazu zählen viele Gehölze und Stauden, aber auch manche Gemüsearten und Einjahresblumen.
Gemüse und Sommerblumen sind kurzlebig, sie bleiben im Garten an Ort und Stelle. Daher wird der Samen nie zu dicht ausgebracht.

Beetvorbereitung
Man gräbt das Beet im Herbst mit dem Spaten um, arbeitet Mist unter und läßt es grobschollig liegen. Im Frühling hat der Frost die Erde krümelig gemacht, dies wird als Frostgare bezeichnet. Ist der Boden abgetrocknet, kann das Beet mit der Harke oder dem Krail abgezogen und zur Einsaat vorbereitet werden.
Mit einem Rillenzieher werden 2–3 cm tiefe Rillen in 15–25 cm Abstand gezogen, die Samen eingelegt und mit der umgedrehten Harke mit Erde bedeckt. Nach dem kräftigen Angießen dauert es nicht mehr lange, bis sich die ersten Keimlinge zeigen.

Breitsaat
Niedere Arten sät man breitwürfig, z. B. Feldsalat, Kresse, Steinkraut oder Portulak. Ebenso können feinere Sämereien breitwürfig ausgesät werden. Dabei achtet man vor allen Dingen darauf, daß die Samen nicht zu dicht fallen. Hat man noch wenig Übung, so kann man die Samen mit hellem Sand mischen.
Jedoch hat sich im Freien und im Kleingewächshaus die Reihensaat besser bewährt. Erstens spart man dabei Samen, zweitens können sich die Pflanzen besser entwickeln und ferner ist die Unkrautbekämpfung einfacher.

Reihensaat
Eine bessere Bearbeitung ist bei der Reihenaussaat möglich. Mit dem Rillenzieher zieht man in 15–25 cm Abständen 2–3 cm tiefe Rillen. Einzeln legt man die Samen in die Rille und deckt die Samen anschließend mit Erde zu. Zwiebeln, Lauch, Salat oder Radieschen sät man ebenso in Reihen aus wie einjährige Schnittblumen und Gehölze. Rettichsamen drückt man mit dem Zeigefinger tiefer als üblich in den Boden.
Keimen die Sämlinge zu dicht, wird möglichst bald ausgedünnt, damit sie sich auch gut entwickeln können.

Horstsaat
Die Horstsaat wendet man bei Stangenbohnen und anderen Kletterpflanzen an.

Breitwürfig ausgesätes Getreide

Reihensaat im Freiland:
1. *Im Herbst wird das Beet sorgfältig durch grobscholliges Umgraben vorbereitet.* **2.** *Im Frühjahr wird dann der Boden nur noch an der Oberfläche gelockert.* **3.** *Vor der Aussaat krümelt man den Boden an der Oberfläche (höchstens 3 cm tief).* **4.** *Entlang einer gespannten Schnur zieht man die Saatrillen, z. B. mit dem Gerätestiel.* **5.** *Je nach Pflanzenart legt man die Samenkörner in ausreichendem Abstand in die Rillen.* **6.** *Anschließend schiebt man mit der Harke dünn Erde über die Saat und drückt diese fest.* **7.** *Am Schluß gründlich angießen!*

Zuerst setzt man die Kletterhilfen, also die Pfähle, an den richtigen Platz, dann legt man fünf bis sechs Samenkörner rund um jeden Pfahl. Mit dem Finger drückt man die Samen in das gelockerte und verbesserte Erdreich. Bohnen wollen „die Glocken läuten hören", sagt der Volksmund. Man steckt die Samen also nicht sehr tief in den Boden!
Außerdem dürfen Bohnen keinen Frost erhalten. Die Samen fangen sonst sehr bald an zu faulen. Lieber warte man mit der Aussaat noch einige Tage länger, bis keine Fröste mehr zu erwarten sind, da sie frostempfindlich sind.

Pikieren

Stehen die Sämlinge zu eng und lassen sie sich mit zwei Fingern fassen, so werden sie vorsichtig mit einem Hölzchen der Saatkiste entnommen. Bei feineren Keimlingen ist ein Holzetikett praktisch, dessen Spitze man V-förmig eingeschnitten hat. Damit lassen sich nun die Keimlinge gut einzeln entnehmen.
Die zu langen Würzelchen werden mit Daumen und Zeigefinger abgeknipst. Dadurch können sie sich besser verzweigen. Mit einem Pikierholz drückt man nun ein Loch in das Pikiergefäß und setzt das junge Pflänz-

Pikieren:
1. *Sobald die Sämlinge zu eng stehen, muß pikiert werden.*

2. *Man drückt, z. B. mit einem Pikierstab, Löcher in die Topferde und setzt die Pflänzchen vorsichtig dort hinein.*

chen vorsichtig in das Loch, etwa so tief, daß die Keimblätter fast auf der Erde aufliegen. Dabei achte man streng darauf, daß die Würzelchen senkrecht in die Pikiererde (siehe Seite 20) kommen.
Dann wird reihenweise dicht an dicht pikiert, weil sich die Pflänzchen im engen Stand besser entwickeln. Gegossen wird sparsam, damit keine Vernässung und Versauerung der Erde auftreten. Immer wieder muß man auf das Auftreten von Schimmelpilzen achten. Hohe Luftfeuchtigkeit und Beschattung bei Sonnenschein fördern das Anwachsen der Sämlinge.
Nach einigen Wochen stehen die pikierten Pflänzchen so dicht, daß sie erneut verpflanzt werden müssen. Bei manchen Arten, wie z. B. Sommerastern, ist ein zweiter Pikiervorgang notwendig. Pikiert man die Pflänzchen nun einzeln in Multiplatten, so bildet sich ein kleiner Erdballen, der das spätere Verpflanzen erleichtert.

Eintopfen

Wenn sie groß genug geworden sind, werden die Jungpflanzen einzeln in Töpfe gesetzt. Nie nehme man einen zu großen Topf für eine junge Pflanze. Es hat sich gezeigt, daß Pflanzen besser wachsen, wenn sie mehrmals in immer größere Töpfe verpflanzt werden, als wenn man Jungpflanzen sofort in einen großen Topf gibt. Als Faustregel gilt, daß der jeweils nächstgrößere Topf einen immer 2–3 cm größeren Durchmesser haben sollte als der vorherige. Als Erdsubstrat haben sich hierfür die Topferden bewährt (siehe Seite 20). Die Erde sollte einen mäßigen Feuchtigkeitsgehalt aufweisen. Besonders torfhaltige Erden dürfen nie zu trocken sein, weil der Torf sonst den Pflanzenwurzeln die Feuchtigkeit entzieht.
Neue Tontöpfe sollten übrigens einen Tag vor der Benutzung im Wasser gelegen haben, damit sie nicht der Erde das Wasser

Vorsichtig werden Kakteen eingepflanzt.

3. *Damit die Pflänzchen Halt haben, schiebt man etwas Erde an die Wurzeln. Anschließend kräftig wässern.*

entziehen. Bei Kunststofftöpfen ist dies nicht notwendig.
Vor jedem Verpflanzvorgang ist darauf zu achten, daß die Ballen nicht zu trocken sind. In einer Wasserstande werden die gut bewurzelten Topfballen getaucht, bis keine Luftblasen mehr auftauchen. Dann läßt man die Pflanzen abtropfen, bevor der eigentliche Verpflanzvorgang stattfindet.
Bei allen Töpfen achte man darauf, daß die Abzugslöcher nicht verstopft sind. Nur bei nässeempfindlichen Gewächsen lege man eine Tonscherbe oder Kieselsteinchen auf den Topfboden.
Zuerst gibt man ein wenig Erde in den Topf, dann setzt man den Erdballen auf die eingefüllte Erde, gerade so tief, daß der obere Rand des Erdballens 2–3 cm unter dem Topfrand sitzt. Nun füllt man die Zwischenräume mit Erde auf und drückt sie mit den Daumen und Zeigefingern an. Der Erdballen wird nun mit 1–2 cm Erde bedeckt, so daß ein kleiner Gießrand verbleibt. Das durchdringende Angießen der frisch getopften Pflanzen erfolgt bei sonnigem Wetter sofort, bei trüber Witterung und genügend feuchten Erdballen erst nach 1–2 Tagen.
Um das Anwachsen zu fördern, stellt man die Pflanzen nicht sofort ins Freie, sondern ins Kleingewächshaus oder ans Fensterbrett. Bei starker Sonnenbestrahlung ist eine Schattierung unerläßlich.

Vegetative Vermehrung

Vegetative Vermehrungsmethoden der Natur

Die Natur ist besonders erfinderisch, wenn es um Strategien geht, die zur Erhaltung und Verbreitung einer Art dienen. Im Pflanzenreich kennt man viele verschiedene Möglichkeiten, die auch dem Gartenfreund bekannt sein sollten (siehe Seiten 35–40).

Unterirdische Ausläufer

Jeder Gartenfreund hat sich schon über die hartnäckigen Wildkräuter geärgert, die man unter dem Namen Unkräuter verdammt und zu bekämpfen versucht. Selten gelingt dem Freizeitgärtner ein vollständiger Erfolg, weil bei diesen Pflanzen immer wieder ein Teilstückchen die Bekämpfung überlebt. Man denke dabei nur an die Quecke, den Giersch, den Schachtelhalm oder die Winden. Wird ein Stück Land durchgefräst, so werden die Plagegeister regelrecht vermehrt. Dies ist in diesem Falle jedoch nicht unser Bestreben.

Ein unterirdischer Ausläufer der Agave (Agave americana) *sprengt den Topf.*

Es gibt aber eine Reihe von Zierpflanzen, die man durch Wurzelausläufer vermehren kann. Dazu zählen Gehölze wie Essigbaum, Aralie und vor allem die Strauchkastanie. Die Ausläufer der ersten beiden Arten sind selten willkommen.
Bei den Stauden wären vor allem zu nennen: Maiglöckchen, Gelenkblume *(Physostegia)* und manche Glockenblumenarten. Bei den Zimmerpflanzen vermehren sich der Schwertfarn *(Nephrolepis)* und die Agave durch unterirdische Ausläufer.
Die Vermehrung geschieht auf folgende Weise, indem man die bewurzelten Ausläufer im Vorfrühling (März/April) ausgräbt und an der gewünschten Stelle wieder einpflanzt. Auch eine Zwischenkultur im Topf ist gut möglich. Dazu benötigt man ein Substrat wie Einheitserde P oder T (siehe ab Seite 19).

Oberirdische Ausläufer

Das beste Beispiel für diese Vermehrungsart ist die Gartenerdbeere. Sie bildet lange oberirdische Sprosse, Stolonen genannt, die sich an den Knoten bewurzeln. Gleichzeitig erscheinen auch Blätter an den Knoten.
Wird nun eine Jungpflanze abgetrennt und in Topferde weiterkultiviert, so hat man in kurzer Zeit eine neue Pflanze. Bei den Erdbeeren werden die Ausläufer nach der Fruchtreife gebildet. Schon im Juli sind die ersten Jungpflanzen gut bewurzelt und so groß, daß man sie abtrennen kann.
Jeder Ausläufer bildet mehrere Pflänzchen, die jüngsten sind natürlich am kleinsten und werden kompostiert. Mit dem Handspaten gräbt man nun die größten und gesündesten Pflänzchen aus. Die Stolonen werden direkt an der Jungpflanze abgetrennt, die Wurzeln etwas eingekürzt, dann kann man sie direkt auf ein gut vorbereitetes Beet in Reihen pflanzen.
Bei den Gehölzen gibt es einige Bodendecker, deren Triebe sich bewurzeln. Dazu zählen flachwachsende Wacholder, der Efeu und vor allem die Felsmispeln *(Cotoneaster)*.
Von den Stauden seien erwähnt: Kriechender Günsel *(Ajuga reptans)*, Hauswurz *(Sempervivum)* und Pfennigkraut *(Lysimachia nummularia)*. Bei den Zimmerpflanzen ist die Grünlilie *(Chlorophytum comosum*, Abbildung siehe Seite 75) besonders bekannt. Die Vermehrung erfolgt wie oben bei den Erdbeeren beschrieben, kleinere Pflänzchen werden eingetopft und weiterkultiviert.

Kindel

Die meisten Ananasgewächse (Bromeliaceae) bilden trichterförmige Rosetten, etwa das Flammende Schwert *(Vriesea splendens)*, die Guzmanie *(Guzmania*-Hybride) oder die Lanzenrosette *(Aechmea fasciata)*. Am Grunde dieser Rosetten bilden sich seitliche Sprosse, die sich bald bewurzeln und zu einer neuen Pflanze heranwachsen, während die eigentliche Mutterrosette nach der Blüte abstirbt. Diese Tochterpflanzen werden Kindel genannt.

Oberirdische Ausläufer der Gartenerdbeere (Fragaria x magna)

Man kann diese Kindel nach erfolgter Wurzelbildung mit einem scharfen Messer abtrennen. Damit keine Fäulniserreger in die Wunde eindringen können, behandelt man die Wunde mit Holzkohlenpuder oder läßt die Kindel einige Stunden trocknen. Dann kann man die Jungpflanzen in Pikiererde (siehe Seite 20) eintopfen.

Brutzwiebeln

Pflanzen mit unterirdischen Speicherorganen verlassen sich nicht nur auf die Samenvermehrung. Betrachtet man eine Tulpenzwiebel genauer, die man der Länge nach durchgeschnitten hat (siehe Abbildung rechts), so erkennt man den schalenförmigen Aufbau. Am Grund ist der Zwiebelboden zu sehen, dies ist der eigentliche Sproß, der hier stark verkürzt ist. Aus diesem entspringen die einzelnen Schalen, in denen die Nährstoffe gespeichert sind.
Die äußerste braune Schale dient als Schutz. In der Mitte der Zwiebel erkennt man den gelblich gefärbten Vegetationspunkt. Im Vorfrühling treibt die Zwiebel hier aus, bildet erst den Sproß, dann Blätter, Blüten und

Die Guzmanie läßt sich durch Abtrennen von Kindel vermehren.

Schnitt durch eine Tulpe (links): Er zeigt den Schalenaufbau der Zwiebel. In der Mitte erkennt man den Hauptsproß, links daneben die Anlage für die neue Zwiebel. An der rechten Tulpenzwiebel sind die Brutzwiebeln dargestellt.

Früchte. Die gespeicherten Nährstoffe werden bei diesem Vorgang verbraucht. Zum Austrieb sind also keine zusätzlichen Nährstoffe notwendig. Diese werden allerdings nach der Blüte benötigt, wenn neue Vegetationspunkte angelegt werden. Schon im Herbst bildet die Zwiebel Wurzeln, die dann Nährstoffe aufnehmen können.
Wir können durch mehrere Maßnahmen die Bildung neuer Zwiebeln fördern. Dazu zählt das Düngen während oder nach der Blüte sowie das Abschneiden der verblühten Köpfe unter Schonung der Blätter. Es sollen sich möglichst keine Samen bilden, sondern alle Nährstoffe der Zwiebel zugute kommen.
Meist bilden sich im Boden zwei oder mehr neue Zwiebeln, die sich im Lauf des Sommers zu blühfähigen Zwiebeln entwickeln. Die kleinen Gebilde nennt man Brutzwiebeln. Sie entstehen meist an Verletzungen der Zwiebel. Durch Anschneiden des Zwiebelbodens vor dem Setzen kann man ihre Bildung fördern. Bei Hyazinthen erfolgt des-

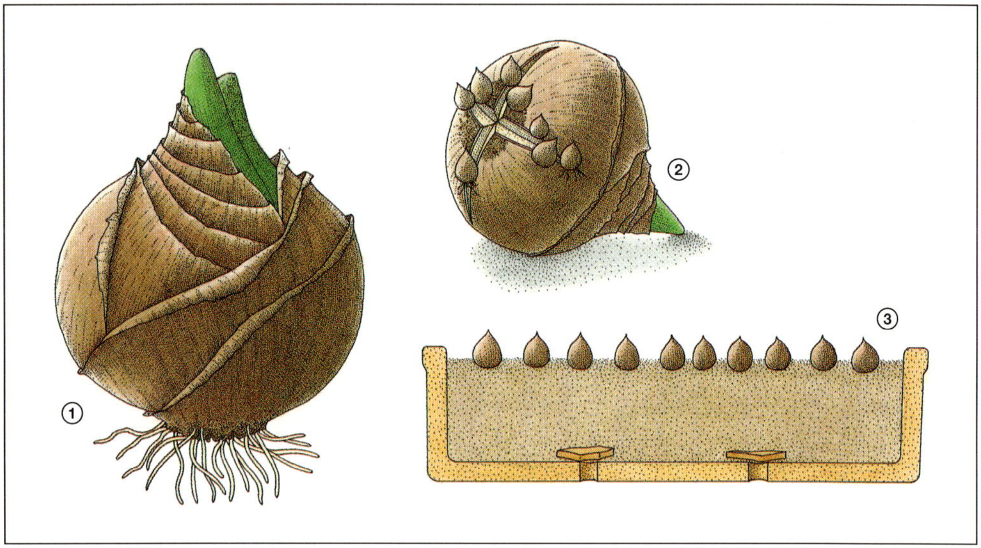

Eine Hyazinthenzwiebel **(1)** *schneidet man zur Vermehrung am Zwiebelboden kreuzförmig ein* **(2)**. *Daran entwickeln sich kleine Brutzwiebeln, die man in Vermehrungserde steckt* **(3)**.

halb z.B. ein kreuzförmiger Einschnitt am Zwiebelboden.

Im Laufe des Sommers werden sämtliche oberirdischen Pflanzenteile welk und braun, die Zwiebel „zieht ein". Alle verwertbaren Stoffe speichert die Pflanze wieder unterirdisch.

Möchte man Brutzwiebeln gewinnen, so werden die Tulpen nach der Blüte ausgegraben, solange ihre Blätter noch zu sehen sind. Mitsamt der Erde legt man alles in eine Kiste, die an einem schattigen und trockenen Ort aufbewahrt wird. Nach einigen Wochen sind die Blätter und Stengel strohtrocken und zerkrümeln beim Anfassen. Nun säubert man die Zwiebeln, trennt die blühfähigen großen Zwiebeln von den Brutzwiebeln und bewahrt sie bis zur Pflanzung im Herbst trocken auf.

Die großen Zwiebeln kommen dann wieder an die vorgesehene Stelle im Blumenbeet. Die kleinen Zwiebelchen steckt man im Herbst am besten reihenweise in den Frühbeetkasten, etwa 3–5 cm tief. Der Kasten wurde zuvor gegen das Eindringen von Mäusen durch ein feines Drahtgewebe von unten geschützt. Die Erde sollte nahrhaft, aber auch gut wasserdurchlässig sein. Gedämpfte Komposterde, die man mit viel Sand vermischt hat, ist besonders gut geeignet. Die Brutzwiebeln vertragen zwar den Frost, leiden aber unter der winterlichen Nässe. Daher ist eine luftige Abdeckung mit einem Glasfenster im Winter sinnvoll. Bei zu starker Trockenheit vertrocknen die Würzelchen, daher ist eine laufende Kontrolle notwendig.

Nach 2–3 Jahren sind die Zwiebeln blühfähig.

Bulbillen

Bei manchen Pflanzen entstehen Brutzwiebeln nicht nur an der Mutterzwiebel, sondern in den Blattachseln des Stengels oder gar an der Blüte. Dazu zählen einige Lilienarten, wie z. B. die Feuerlilie *(Lilium bulbiferum)*, die Zahnwurz *(Dentaria bulbifera)* und auch Laucharten *(Allium vineale* und *Allium sativum,* Knoblauch) und auch manche Formen der Küchenzwiebel.

In der Natur vermehren sich diese Pflanzen dadurch, daß im Herbst der bulbillentragende Stengel welkt und umknickt. Die Bulbillen kommen dadurch in Bodennähe, aber weit weg von der Mutterpflanze. Dort finden sie meist bessere Bedingungen als in ihrer unmittelbaren Nähe. Sie bilden dort Wurzeln, und so entsteht bald eine ganze Kolonie um die ursprüngliche Pflanze.
Diese Bulbillen nimmt man ab, wenn der Stengel zu vergilben beginnt, und kultiviert sie, wie im vorigen Abschnitt „Brutzwiebeln" (Seite 37) beschrieben.

Die Knolle der Gladiole bildet im Herbst viele Brutknöllchen sowie die Knolle für das kommende Jahr (rechts).

Brutknollen

Ähnlich verfährt man mit Pflanzen, die Knollen bilden. Dazu zählen Gladiolen *(Gladiolus)*, Sterngladiolen *(Acidanthera)*, Krokus und viele weitere Arten. Zerschneidet

Bulbillenvermehrung bei Lilien: Einige Arten bilden Bulbillen in den Blattachseln aus **(1)**. *Die Bildung wird gefördert, wenn die Blütenknospen entfernt werden. Die reifen Bulbillen werden abgenommen* **(2)** *und in Vermehrungssubstrat eingelegt* **(3)**.

man eine Knolle, so erkennt man eine einheitliche Masse, aber niemals eine Schalen- oder Schuppenbildung.
Neben der Mutterpflanze bilden sich eine Menge Brutknöllchen, die man ebenso behandelt wie Brutzwiebeln (siehe Seite 37). Während Krokusarten winterhart sind, muß man Gladiolen und Sterngladiolen vor Frost schützen. Diese sommerblühenden Zwiebelgewächse bringt man daher erst ab Mai in den Boden, ebenso verfährt man mit den Brutknollen. Nach dem ersten Frost im Oktober nimmt man sie heraus und bewahrt sie frostfrei und trocken auf. Auch hier dauert die Anzucht aus Brutknollen 2–3 Jahre bis zur Blüte.

Lebendgebärende Pflanzen

In Gebieten, wo die Vegetationszeit zu kurz ist, um Früchte ausreifen zu lassen, hat die Natur eine ganz besondere Form der vegetativen Vermehrung entwickelt. Das sind Arten, die lebendgebärende Pflänzchen erzeugen. In den Alpengebieten zählen dazu der Alpenknöterich *(Polygonum viviparum)* und einige Gräser *(Festuca vivipara, Poa alpina* var. *vivipara)*. Sie bilden an den Stengeln kleine Pflänzchen, die sich oft schon an der Mutterpflanze bewurzeln, später zu Boden fallen und dort bei günstigen Bedingungen neue Horste bilden.
Aus Madagaskar stammen die bekannten Arten des Brutblattes *(Kalanchoë daigremontiana* und *Kalanchoë tubiflora)*. An deren Blattenden entwickeln sich ebenfalls kleine Pflänzchen mit Würzelchen. Schon Johann Wolfgang von Goethe hat sich mit diesen Pflanzen beschäftigt, so daß sich der Name Goethepflanze dafür eingebürgert hat. Bei uns sind diese Arten nicht winterhart, dennoch ist ihre Vermehrungsrate so groß, daß man sie bald bändigen muß.
Möchte man lebendgebärende Pflanzen kultivieren, so nehme man einfach die jungen Pflänzchen ab und pikiere sie in Töpfe oder Multitopfplatten. Ein durchlässiges Vermehrungssubstrat oder eine Pikiererde ist dafür geeignet. In den ersten Wochen sind ein Verdunstungsschutz und eine Schattierung bei Sonne angebracht. Bei raschem Wuchs kann man die Jungpflanzen bald in größere Töpfe verpflanzen und zusehen, wie sich erneut an den Blatträndern junge Pflänzchen bilden.

Kleine Pflänzchen entstehen am Blattrand des Brutblattes (Kalanchoë tubiflora).

Gärtnerische Methoden der vegetativen Vermehrung

Dem Pflanzenfreund stehen noch viele weitere Möglichkeiten der vegetativen Vermehrung zur Verfügung (siehe Seiten 40–67). Nicht immer benötigt er dazu spezielle Vermehrungseinrichtungen wie Kästen oder gar ein Gewächshaus.

Wurzelteilung

Am einfachsten ist die Vermehrung durch Teilung einer Mutterpflanze (Wurzel, Rhizom, Knolle). Dies ist möglich bei vielen Stauden, Ziergräsern, Wasserpflanzen und Farnen, einigen Gehölzen und Zimmerpflanzen. Pflanzen mit einer Pfahlwurzel eignen sich dafür kaum, sondern nur solche Arten, die einen horstartigen Wurzelstock bilden. Darunter versteht man Pflanzen mit kurzen Ausläufern, die sich schon an der Mutterpflanze bewurzeln.

Teilung der Hakenlilie Crinum x powellii, *siehe auch Seite 77):*

1. *Der Wurzelballen wird aus dem Topf genommen und mit einer Gartenschere geteilt.*

2. *An einer Teilpflanze werden die Wurzeln gekürzt und in den bereitstehenden Topf eine Drainageschicht aus Blähton eingefüllt. Topferde liegt schon bereit.*

3. *Die Hakenlilie ist nun eingetopft. Die Topferde (siehe Seite 20) weist einen mäßigen Feucchtigkeitsgehalt auf. Angießen nicht vergessen! (Weiteres zum Eintopfen siehe Seite 34)*

Die Teilung ist erforderlich bei manchen Stauden, wenn diese in ihrer Blütenpracht nachlassen. Dazu zählen u.a. Margeriten, Mädchenauge *(Coreopsis)*, Herbstastern *(Aster novi-belgii, Aster novae-angliae, Aster dumosus)*, Schwertlilien *(Iris barbata)*, aber auch Sonnenhut *(Rudbeckia fulgida)*, Gemswurz *(Doronicum)* und viele andere Arten.

Die beste Zeit für eine Wurzelteilung ist nach der Blüte oder im Frühling vor dem Austrieb. Pflanzen mit horstigem Wuchs wachsen stets nach außen, d. h., daß die Pflanze immer größer wird. Im inneren Bereich sterben die Triebe meist ab. Diese Teile gehören auf den Kompost.

Wüchsige Teilstücke gewinnt man von den kräftigen Trieben des Außenbereiches. Mit dem Spaten gräbt man die ganze Pflanze aus und mit einem starken Messer teilt man sie in etwa faustgroße Stücke. Die zu langen Wurzeln kürzt man um ein Drittel ein, dann werden sie wieder in ein vorbereitetes Beet (siehe auch Seite 33) gepflanzt. Dieses hat man im Herbst umgegraben und dem Frost ausgesetzt. Im Frühling wird noch einmal durchgehackt, mit organischem Volldünger versehen und mit der Harke oder dem Krail abgezogen. Man rechnet bei dieser Grunddüngung 1–2 Handvoll auf den Quadratmeter, der gleichmäßig ausgestreut und eingearbeitet werden muß. Nun kann sofort gepflanzt werden. Der organische Dünger schadet den zarten Wurzeln nicht, weil er erst von den Bodenorganismen aufbereitet werden muß. Daher wirkt dieser Dünger auch monatelang. Als Pflanzabstand rechnet man bei höheren Stauden 25–30 cm, bei niedrigen Arten 10–15 cm.

Staudengräser teilt man am besten im Frühling. Bei höheren Arten wie Chinaschilf *(Miscanthus)* oder dem Pampasgras *(Cortaderia)* ist es kaum möglich, die Mutterpflanze total auszugraben. Daher benutzt man neben dem Spaten auch Pickel oder Kreuzhacke. Damit kann man von außen her das Wurzelgeflecht freilegen und bewurzelte Teilstücke ablösen. So kann die Mutterpflanze an ihrem Standort bleiben, und man erhält dennoch Teilstücke für die Weiterzucht.

Bodendeckende Stauden kann man vom Frühling bis zum Juni teilen. Manche Arten sind so robust, daß man sogar vorhandene Flächen mit dem Spaten in handtellergroße Stücke schneiden und dann verpflanzen kann.

Dazu gehören Arten mit kurzen Ausläufern, wie z. B. Pfennigkraut *(Lysimachia nummularia)*, Fiederpolster *(Cotula squalida)* und Mauermiere *(Paronychia*-Arten).
Stauden mit längeren Ausläufern behandelt man vorsichtiger.
Langlebige Stauden, wie z. B. Pfingstrosen *(Paeonia)*, teilt man am besten im Herbst. Der ganze Stock wird vorsichtig ausgegraben, damit die dicken Knollen nicht verletzt werden.
Bricht trotz aller Vorsicht eine Knolle ab, so kann man sie wegwerfen, wenn keine Knospe vorhanden ist. Die Knospen sind am Grunde der Stengel zu finden. Bei der Teilung achte man besonders darauf, daß wenig Schnitte notwendig sind. Diese Schnittstellen läßt man austrocknen, bevor die Wurzelknollen wieder in die Erde kommen. Nur Teilstücke mit mindestens einem Auge treiben wieder aus.
Eigentlich kann man Pfingstrosen *(Paeonia)* über 20 Jahre am gleichen Platz stehenlassen, bevor man sie teilen muß. Das bedeutet, daß man für solche Gewächse einen Standort benötigt, wo sich die Pflanze ungestört entwickeln kann.
Eine Teilung bei Gehölzen ist nur bei solchen Arten möglich, die von der Basis aus mehrere Triebe bilden. Dazu zählen Spiersträucher *(Spiraea)*, Buchsbaum *(Buxus)*, und Hartriegel *(Cornus*-Arten). Bei den meisten dieser Arten benötigt man den Spaten, aber auch die Schere zur Teilung.
Bei Zimmerpflanzen ist eine Teilung auch nur bei mehrtriebigen Arten möglich, etwa Zimmerfarnen, manchen Orchideen und natürlich bodendeckenden Arten. Eine Teilung kann eigentlich ganzjährig problemlos durchgeführt werden, am besten jedoch im Frühling.

Rhizomteilung

Die Rhizome teilt man am besten unmittelbar nach der Blüte. Die hohe Bartiris blüht im Juni, die Teilung erfolgt also erst im Juli. Auch hier nimmt man zur Weitervermehrung nur die äußeren Erdsprosse eines größeren Horstes, die inneren Teile ergeben nur schwachwüchsige Exemplare.

Rhizomteilung bei Bartiris: **1.** *Ältere Stücke (im Kreis) gehören auf den Kompost. Man nimmt man stets die jüngeren, äußeren Rhizome.*

2. *Fertiges Teilstück, äußeres Rhizom der Bartiris, bereit zur Pflanzung. Die Blätter wurden stark eingekürzt.*

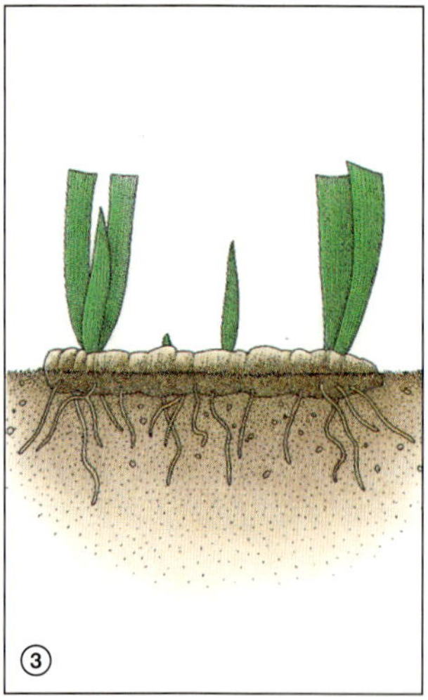

3. *Das Rhizom der Bartiris pflanzt man ganz flach in die Erde. Nun kann die Pflanze wachsen und gedeihen.*

❁ Knollenteilung

Verschiedene Pflanzen, die Speicherorgane in Form von Knollen besitzen, können auf folgende Weise vermehrt werden. Die unregelmäßig geformten Knollen der Kronenanemone *(Anemone coronaria)* legt man vor der Pflanzung 24 Stunden in lauwarmes Wasser. Mit einem scharfen Messer schneidet man die aufgequollenen Knollen an der dünnsten Stelle durch und läßt die Schnittstelle vor der Pflanzung abtrocknen.

Knollenbegonien sollten vor der Teilung vorgetrieben werden, damit man die künftigen Triebe erkennen kann. Jedes Teilstück muß mindestens eine Knospe besitzen. Doch nur die großen Knollen weisen mehrere Augen auf. Die Schnittstellen bestäubt man mit Holzkohle und läßt sie trocknen.

Krokusarten teilt man ebenfalls so, daß jeweils mindestens ein Trieb vorhanden ist.

Hälfte einer geteilten Knolle des Krokus (Crocus) *mit zwei Trieben (siehe auch Tabelle Seite 117).*

Nach dem Auslichten von Gehölzen können Steckhölzer von einjährigen Trieben geschnitten werden.

Steckholzvermehrung

Manche Ziersträucher lassen sich ohne große Mühe durch Steckhölzer vermehren. Dazu zählen Forsythie, Pfeifenstrauch, Winterjasmin, Weiden, Schlingknöterich, Johannisbeeren und viele andere Arten.

Für diese Vermehrungsart sind ebenfalls keine Kultureinrichtungen erforderlich.

Von den gewünschten Sträuchern entnimmt man in der Zeit von November bis Februar einjährige, verholzte Triebe, deren Blätter im Herbst abgefallen sind. Dies kann beim üblichen Auslichtungsschnitt in der Winterruhe geschehen, sofern die Außentemperaturen nicht unter –5 °C liegen.

Mit einem scharfen Messer schneidet man nun die Triebe in etwa 20 cm lange Teilstücke. Der saubere untere Schnitt erfolgt direkt unter dem Knoten, dem letztjährigen Blattansatz. An den Knoten befinden sich viele teilungsfähige Pflanzenzellen, ebenso die Knospen für das nächste Jahr. Der obere Schnitt sollte etwa 2 cm über einer Knospe verlaufen.

Zweckmäßig macht man mehrere Steckhölzer von der gewünschten Pflanze, bündelt diese und versieht sie mit einem Etikett. Darauf steht der Name (Gattung, Art, Sorte) der vermehrten Pflanze. Die unteren Enden des Bündels sollten möglichst auf gleicher Ebene liegen. Dann kommen die so vorbereiteten Bündel in eine Kiste, die zur Hälfte mit einer angefeuchteten Sand-Torf-Mischung gefüllt wurde. Die Bündel stellt man senkrecht, dicht an dicht in die Kiste, die den ganzen Winter über in einem frostfreien, kühlen Raum verbleibt. Der Keller eignet sich dafür am besten. Von Zeit zu Zeit wird die Feuchtigkeit des Substrates kontrolliert, denn austrocknen sollte dieses nicht.

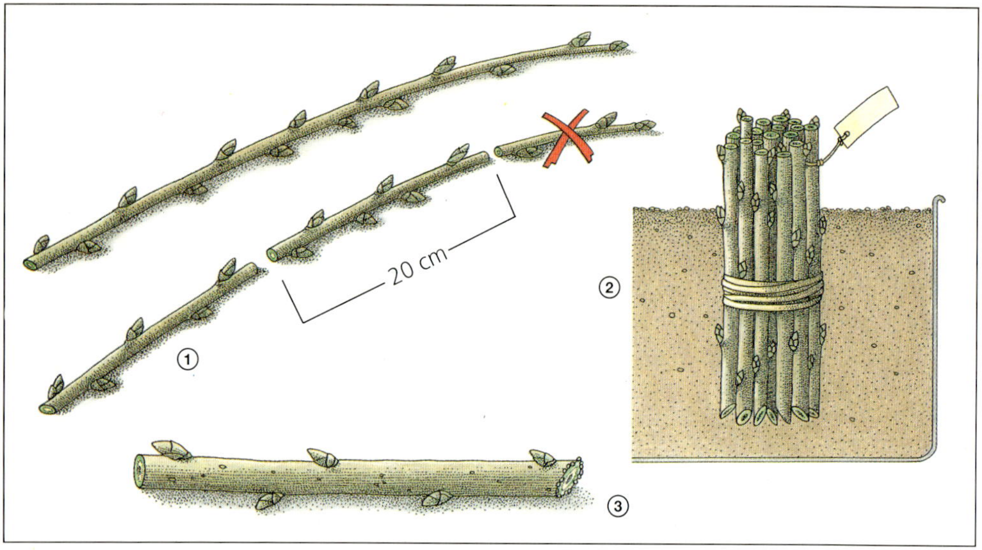

Steckholzvermehrung: Einjährige Triebe von Gehölzen schneidet man im Spätherbst in etwa 20 cm lange Stücke **(1)**. *Sie werden gebündelt, etikettiert und in feuchten Sand eingeschlagen und frostfrei überwintert* **(2)**. *An den Schnittstellen bildet sich Kallus* **(3,** Wundverschlußgewebe).

Im zeitigen Frühling (März bis April) kommen die Steckhölzer ans Tageslicht. Bei manchen erkennt man eine weiße, knorpelige Masse an der unteren Schnittstelle. Dies nennt der Fachmann Kallus. Dies ist ein Wundverschlußgewebe und sollte nicht beschädigt werden. Aus dem Kallus werden die Wurzeln gebildet.

Schwarz gewordene oder schimmelige Steckhölzer sind unbrauchbar.

Im Freiland bereitet man nun ein Beet für die Steckhölzer vor. Die Erde (sandiger Lehm) wurde schon im Herbst tief umgegraben, nun zerfallen die Schollen leicht. Mit dem Grubber oder Krail lockert man das Beet mindestens 20 cm tief auf. Eine Düngergabe ist nicht erforderlich. Die Hölzer werden nun reihenweise bis zu 15 cm tief in den lockeren Boden gedrückt. Der Abstand in der Reihe soll 10–15 cm betragen, das Namensetikett kommt immer an die erste Pflanze. Der Abstand der Reihen beträgt 15–20 cm. Nun braucht man eigentlich den ganzen Sommer nichts mehr zu tun, nur gelegentlich ist das Unkraut zu entfernen. Das Wachstum erkennt man am Austrieb der oberen Knospen. Gleichzeitig bilden sich Wurzeln aus den unteren Knospen.

Im Herbst sind aus den Steckhölzern schon hübsche Sträuchlein geworden. Nach dem Laubfall gräbt man die Pflanzen aus, schneidet die Wurzeln und Triebe scharf zurück. Dies fördert das Wachstum der Wurzeln und regt zu buschigerem Wachstum im folgenden Jahr an. Nun können sie nach dem Schnitt schon an den endgültigen Platz gepflanzt werden.

Wer nur wenige Steckhölzer machen möchte, kann die Hölzer gleich nach der Winterpause einzeln in einen tiefen Tontopf stecken. Die Erde dafür soll locker, aber wenig gedüngt sein. Die Töpfe werden dann dicht an dicht an einem halbschattigen Platz in Sand so tief eingesenkt, daß man vom Topfrand nichts mehr sehen kann.

Im Herbst werden die Steckhölzer ausgetopft und nach dem Pflanzschnitt an den endgültigen Standort gesetzt.

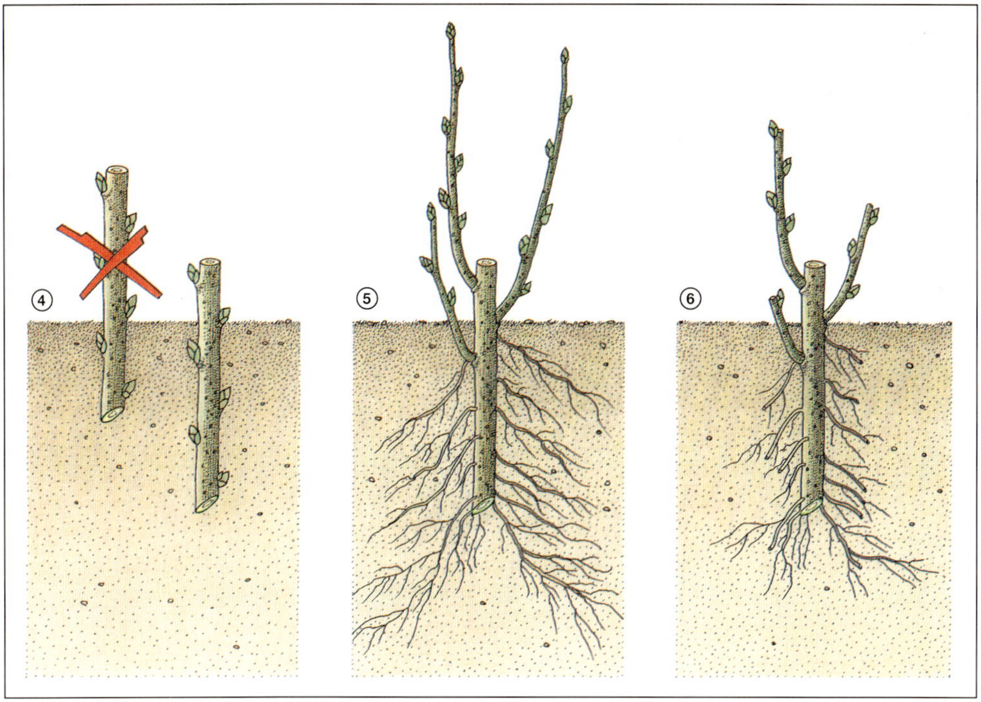

Steckholzvermehrung: Im Frühling steckt man die Hölzer in kurzem Abstand auf gelockerten Beeten tief in die Erde **(4)**. *Aus den Knospen entwickeln sich Wurzeln und Triebe* **(5)**. *Im Herbst gräbt man die bewurzelten Steckhölzer aus, schneidet Triebe und Wurzeln stark zurück und pflanzt sie an Ort und Stelle* **(6)**.

Rechts: Schema der Stecklingsvermehrung: Kopfsteckling **(1)**, *Trieb- oder Sproßsteckling* **(2)**, *Augen- oder Knotensteckling* **(3)**

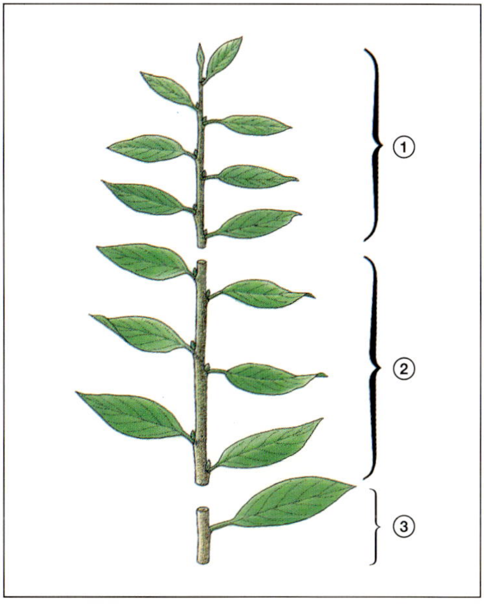

Stecklinge

Unter Stecklingen versteht man die Vermehrung von Teilstücken einer Pflanze. Man löst also ein Blatt, ein Wurzelstück oder einen Trieb von der Mutterpflanze und bringt dieses Teilstück zur Bewurzelung. Bei den meisten Verfahren benötigt man aufwendige Kultureinrichtungen, etwa einen Frühbeetkasten oder gar ein Kleingewächshaus. Manche Stecklinge bewurzeln aber auch gut am Fensterbrett unter Plastikfolie oder in einem Wasserglas.

Die Vermehrung von Stecklingen ist die wichtigste Methode der vegetativen Ver-

Die meisten kanarischen Hauswurzarten (Aeonium) *lassen sich durch Kopfstecklinge der Rosetten vermehren.*

mehrung im Gartenbau. Der Grund liegt darin, daß man von einer Mutterpflanze eine Menge Teilstücke abnehmen kann, die sich in relativ kurzer Zeit zu einer neuen Pflanze entwickeln und deren Eigenschaften mit denen der Mutterpflanze identisch sind.

Vor allem vermehrt der Gärtner in Mengen:

- Zimmerpflanzen (Usambaraveilchen, Begonien usw.),
- Schnittblumen (Nelken, Chrysanthemen usw.),
- Balkonpflanzen (Geranien, Fuchsien),
- Stauden (Polsterpflanzen wie Blaukissen und Gänsekresse, ferner Rittersporn, Dahlien usw.),
- Gehölze (Bodendecker wie Zwergmispeln und Kriechwacholder, ferner Blütensträucher wie Forsythien, Weigelien usw.).

Allgemeines

Schnittzeitpunkt sowie die Wurzelbildungsdauer sind artspezifisch. Die Stecklinge dürfen weder zu weich noch zu hart sein. Zu weiche Stecklinge faulen sehr rasch, zu harte bilden keine Wurzeln mehr.

Grundsätzlich entnimmt man Teile nur von solchen Mutterpflanzen, die wüchsig und gesund sind. Reichblühende Pflanzen werden natürlich ebenfalls bevorzugt. Durch eine positive Auslese der Mutterpflanzen schafft man die Voraussetzungen für eine erfolgreiche Nachzucht.

Wird ein Teilstück von der Mutterpflanze abgetrennt, so entsteht zunächst eine Wunde an der Pflanze. Damit keine Krankheitskeime eindringen können, wird diese Wunde durch Wucherung der wundnahen Zellen verschlossen. Man spricht hier von Wundkallus. Dasselbe geschieht auch am Teilstück, also am Steckling. Aus diesem Wundverschlußgewebe entwickeln sich nach einiger Zeit die eigentlichen Wurzeln. Voraussetzung ist allerdings, daß die Lebensvorgänge im Blatt wie bisher weitergehen. Im Normalfall würde ein abgetrennter Pflanzenteil bald vertrocknen. Daher ist es notwendig, daß ausreichend Wasser, Wärme und Licht bei der Bewurzelung vorhanden sind. Stecklinge werden daher wie folgt behandelt:

Im späten Frühling werden Kopfstecklinge von Citrus *geschnitten (siehe auch „Zitrone, Orange und Mandarine" auf Seite 76).*

1.) Der **Schnitt** muß an einer Stelle erfolgen, wo teilungsfähige Zellen vorhanden sind. Dies ist meist unter einem Blattansatz, dem Nodium, gegeben. In der Praxis hat sich allerdings gezeigt, daß sich bei vielen Pflanzen Wurzeln auch am Stengel bilden können.

2.) Das **Stecklingssubstrat** soll steril sein, damit sich keine Krankheitserreger ausbreiten können (siehe Seite19).
Bewährt hat sich für diesen Zweck eine Mischung aus gleichen Teilen Weißtorf und Quarzsand (siehe Seite 20). Der Weißtorf darf keinesfalls trocken verwendet werden, sondern muß vor der Verwendung angefeuchtet werden. Der Quarzsand sollte grobkörnig und frei von Tonteilchen sein. Auch eine Beimengung von Perlite, einem weißen, leichten Vulkanerzeugnis, hat sich bewährt; es kann Weißtorf zum Teil ersetzen.
Diese Mischung gibt man in das desinfizierte Gefäß, etwa einen Topf oder eine Schale. Wie bei der Herrichtung von Aussaatgefäßen ist darauf zu achten, daß überschüssiges Wasser rasch abfließen kann. Es empfiehlt sich daher, auf den Boden des Gefäßes eine Schicht Splitt (1–2 cm stark) und darüber eine gleich starke Schicht grobkörnige Komposterde zu geben.
Erst darauf folgt das eigentliche Stecklingssubstrat, mindestens 3 cm stark. Alles muß mäßig verdichtet werden. Bei besonders empfindlichen Stecklingen ist sogar noch eine Abdeckung aus grobem Quarzsand (1 cm stark) günstig. Dadurch trocknet die Oberfläche besonders rasch ab. Wenn die unteren Blätter einiger Stecklinge auf dem Substrat aufliegen, so wird Fäulnis weniger rasch auftreten können.

3.) **Feuchtigkeit:** Die Stecklinge werden immer feucht, aber nicht naß gehalten. Stecklingskästen hält man immer dicht geschlossen, damit keine Feuchtigkeit entweichen kann. Bei hoher Luftfeuchtigkeit

Eine Plastikfolie stülpt man nach dem Angießen über die Stecklinge (hier von Pelargonium*); so erreicht man eine hohe Luftfeuchtigkeit.*

und Wärme geht die Bewurzelung rasch vonstatten. Dieses tropenähnliche Klima wird erzeugt, indem man bei kleinen Töpfen eine Plastiktüte nach dem Angießen über den Steckling stülpt. Auch ein ausgedientes Vogelbauer kann gute Dienste leisten; es wird mit Folie umhüllt. Im Handel gibt es natürlich perfektere Lösungen, etwa Minigewächshäuser oder Floratherm-Schalen mit klarer Abdeckhaube.

4.) **Temperatur:** Zu viel Wärme ist allerdings schädlich, daher muß bei zu intensiver Sonneneinstrahlung schattiert werden. Schon 10 Minuten Sonnenschein können ausreichen, daß die zarten Stecklinge vertrocknen. Der Fachmann nennt dies „verbrennen". Ein Stück Zeitungspapier leistet gute Dienste bei der Schattierung, im Zimmer genügt oft auch das Schließen der Gardine. Ebenso wichtig ist die Zufuhr von Luft, indem man mit kleinen Hölzchen die Abdeckung etwas anhebt. Dadurch kann auch zuviel vorhandenes Wasser verdunsten. Wassertropfen dürfen nur kurze Zeit auf den Blättern liegenbleiben, sonst besteht Fäulnisgefahr.
Sehr günstig wirkt sich auf die Bewurzelung eine hohe Bodentemperatur aus. Da-

her haben die Zimmergewächshäuser stets eine regelbare Bodenheizung. Optimal sind Bodentemperaturen zwischen 20 und 25 °C für eine rasche Bewurzelung. (Temperaturangaben bei einzelnen Pflanzen im Portrait-Teil (ab Seite 68) beziehen sich auf die Bodentemperatur!)

Findet man trotz aller Vorsichtsmaßnahmen Schimmelpilze, so ist mit handelsüblichen Mitteln zu gießen oder zu spritzen (siehe auch Seite 20).

Stecklingsarten

Dazu zählen Kopfstecklinge (siehe unten), Triebstecklinge (siehe Seite 50), Stammstecklinge (siehe Seite 50), Augen- und Knotenstecklinge (siehe Seite 52), Abrißstecklinge (siehe Seite 52), Rißlinge (siehe Seite 52), Wurzelschnittlinge (siehe Seite 53), Blatt- (siehe Seite 54) und Blattstückstecklinge (siehe Seite 55).

Kopfstecklinge

Darunter versteht man Stecklinge von Triebenden, das können sowohl Seitentriebe als auch Endtriebe sein. Ein richtiger Steckling soll gut ausgereift und daher stabil sein. Eine Gesamtlänge von 5 cm ist in den meisten Fällen ausreichend. Dies richtet sich natürlich nach dem Abstand der Knoten des jeweiligen Triebes. Man schneidet den Steckling möglichst unter einem Knoten mit einem scharfen Messer oder einer Schere ab und entfernt dann auch die untersten Blätter. Den Schnitt so setzen, daß mindestens ein gut ausgebildetes Blattpaar und die Endknospe noch vorhanden sind. Blütenknospen, Blüten und Früchte werden entfernt. Sie erfordern von der Teilpflanze zu viel Energie, die jetzt zur Wurzelbildung benötigt wird.
Nun den Steckling in Vermehrungssubstrat (siehe Seite 20) setzen. Bei besonders großblättrigen Arten ist es angebracht, die Blätter um die Hälfte einzukürzen. Auf diese Weise hat der Steckling weniger Oberfläche und kann daher nicht soviel Wasser verdunsten.
Kopfstecklinge macht man u.a. bei Felsmispel *(Cotoneaster)*, Goldglöckchen *(Forsythia)*, Blaukissen *(Aubrieta)*, Johanniskraut *(Hypericum calycinum)*; *Pelargonium, Fuchsia* und *Ficus*.
Im Winter kann man immergrüne **Polsterstauden** wie Blaukissen *(Aubrieta)* und Gänsekresse *(Arabis)* im kalten Kasten (Frühbeetkasten) stecken. In diesem Fall wird eine Rosette abgetrennt und die untersten Blättchen entfernt. Man steckt sie so tief in das Substrat, bis die Rosette aufliegt.
Balkonpflanzen vermehrt man von September bis zum April. Im Herbst entnimmt man von reichblühenden, gesunden Pflanzen Stecklinge und bringt sie gleich zur Be-

Kopfstecklinge: Die unteren Blätter müssen noch entfernt werden, sie faulen leicht. Das linke Exemplar kann noch geteilt werden.

Kopfstecklinge von Pelargonium *werden nach dem Schneiden in Vermehrungssubstrat gesteckt und anschließend mit Folie abgedeckt.*

Kopfstecklinge von Zypergras bilden in Wasser schon nach wenigen Wochen Wurzeln und Neutriebe, die man dann verpflanzen kann.

wurzelung. Diese jungen Pflanzen benötigen im Winter weniger Platz im Haus als die ausladenden Gewächse, die uns im Sommer so erfreut haben. Werden diese Mutterpflanzen kühl überwintert, so schneidet man sie zurück und treibt sie im März an. Dann entnimmt man von den jungen Trieben Kopfstecklinge. In wenigen Wochen bilden diese Wurzeln und können dann ab Mitte Mai auf den Balkon gebracht werden.

Zimmerpflanzen kann man eigentlich das ganze Jahr über vermehren. Besonders günstig ist natürlich das Frühjahr, wenn mehr Licht als im Winter zur Verfügung steht. Als Tropenkinder benötigen Zimmerpflanzen natürlich viel Wärme, auch zur Vermehrung (Bodenheizung, Lufttemperatur usw.).

Gummibäume aus Kopfstecklingen ergeben straffere Pflanzen als aus Stammstecklingen. Hier wird vor allem die Endknospe gefördert, eine Bildung der Seitentriebe unterbleibt zunächst.

Tritt bei Stecklingen an der Schnittstelle Milchsaft aus, so muß die Wunde unter Wasser gehalten werden. Bei Stecklingen der Wolfsmilcharten *(Euphorbia)* kann die Wunde über eine brennende Kerze gehalten werden, dadurch gerinnt der Milchsaft.

Bewurzelung im Wasserglas

In der Regel steckt man die Stecklinge in ein Vermehrungssubstrat (siehe Seite 20). Bei einigen Arten gelingt die Bewurzelung im Wasserglas. Gut geeignet für diese Vermehrung sind Kopfstecklinge von Oleander *(Nerium oleander)*, Fleißigem Lieschen *(Impatiens-Walleriana*-Hybriden) und auch Buntnessel *(Coleus*-Hybriden), aber auch von immergrünen Kletterpflanzen lassen sich auf diese Weise junge Pflanzen gewinnen. Stecklinge von diesen Gewächsen werden in ein nur halb gefülltes Wasserglas gestellt. Eine Prise Blumendünger im Wasser fördert die Wurzelbildung. Bald nach dem Erscheinen der Wurzeln sollte die Umstellung auf Erdkultur erfolgen, dies ist stets ein Schock für die Pflanze. Einfacher ist es, wenn man den bewurzelten Steckling gleich in ein Hydrokulturgefäß eintopft und die Wurzeln mit Blähton in feiner Körnung umgibt.

Eine Besonderheit gibt es noch zu erwähnen, wenn man Kopfstecklinge vom Zypergras *(Cyperus alternifolius, Cyperus diffusus)* vermehren möchte. Gut ausgebildete Blattschöpfe werden so abgeschnitten, daß noch ein 2–3 cm langer Stiel vorhanden ist. Die Blätter kürzt man um die Hälfte ein und legt die Rosetten umgekehrt oder normal in eine wassergefüllte Schale. Schon nach 2–3 Wochen erscheinen die ersten Wurzeln und Neutriebe. Natürlich muß man bei dieser feuchtigkeitsliebenden Pflanze immer für genügend Wasser im Behälter sorgen. Bald kann man diese Jungpflanzen in Töpfe verpflanzen. Als Erdsubstrat nehme man Pikiererde.

Kopfstecklinge von **Kakteen** sind auf Seite 94 beschrieben.

Stecklinge mit Wurzelansatz

Stecklinge mit Wurzelansatz (Verstärkung an der Stecklingsbasis am Stamm) bewurzeln sich bei einigen Arten rascher als oben geschildert. Dazu zählen Rittersporn *(Delphinium)*, Dahlien *(Dahlia*-Hybriden) und andere Arten mit hohlem Stengel. Durch Abschneiden des Stecklings mit Wurzelansatz ist der hohle Stengel verschlossen.
Stecklinge lassen sich von solchen Arten nur im Vorfrühling gewinnen. Der Austrieb darf nicht länger als 10 cm sein, sonst wird der Steckling kopflastig und fällt im Stecklingsbeet um. Man legt den Austrieb bis zur Ansatzstelle frei und schneidet ihn mit einem Stück des Wurzelansatzes ab. Es hat sich gezeigt, daß solche Stecklinge besser Wurzeln bilden als übliche Kopfstecklinge.

Trieb- oder Sproßstecklinge macht man von längeren Trieben, z. B. vom Efeu. Man schneidet dicht unter einem Knoten und entfernt die untersten Blätter.

Triebstecklinge

Ist bei Kopfstecklingen die Sproßspitze ungenügend ausgereift, so sollte man diese mit Messer oder Schere abschneiden. Denn sonst würde die Spitze sich bald krümmen und welken. Diese Maßnahme hat noch einen anderen Sinn. Durch die Entfernung der Sproßspitze wird die Ausbildung von Seitentrieben gefördert. Die Pflanze wird buschiger und kompakter. Da den Stecklingen der eigentliche Kopf nun fehlt, bezeichnet man diese Stecklingsvariante als Triebstecklinge.
Dies gilt besonders bei Gewächsen, die lange, beblätterte Triebe bilden. Sind diese Triebe genügend ausgereift (fest, aber noch grün), aber noch nicht verholzt, so gewinnt man daraus Triebstecklinge, indem man die Triebe teilt. Jeder Steckling sollte dabei aber mindestens ein Blatt oder Blattpaar aufweisen.
Als Beispiel hierfür seien Stecklinge von Fuchsien *(Fuchsia*-Hybriden) und Weigelien *(Weigela*-Hybriden) zu nennen. Efeustecklinge macht man etwa 20 cm lang, sie haben dann vier bis fünf Blätter. Bei kleinblättrigen Gehölzarten, wie z. B. Heidekraut *(Erica herbacea)* oder immergrünem Geißblatt *(Lonicera nitida)*, sind noch mehr Blätter vorhanden. Zur besseren Verzweigung dieser Arten kneift man sowieso die Spitze der Stecklinge ab.

Stammstecklinge

Zimmerpflanzen mit starken, oft blattlosen Trieben vermehrt man gelegentlich durch Stammstecklinge. Triebe des Gummibaums *(Ficus elastica,* Abbildung siehe Seite 81) schneidet man in fingerlange Stücke, die jeweils ein gut ausgereiftes Blatt aufweisen. Das Blatt rollt man ein und fixiert es mit einem Gummiband (Platzersparnis und Verdunstungsschutz). Dann wird der Steckling senkrecht in einen Topf mit Vermehrungssubstrat gesteckt. Damit er nicht umfällt,

Stammstecklinge von der Dieffenbachie (Dieffenbachia maculata) *werden in Torfmoos gelegt. Da die Pflanze giftig ist, nur mit Handschuhen arbeiten.*

Der Stammsteckling vom Drachenbaum (Dracaena) *wurde in einen Topf gesteckt. Aus Platzgründen hat man seine Blätter zusammengebunden.*

schiebt man durch die Blattröhre ein Holzstäbchen.

Besitzen die Triebe von der Palmlilie *(Yucca)*, dem Drachenbaum *(Dracaena)* oder dem Baumfreund *(Philodendron)* keine Blätter mehr, so kann man sie dennoch vermehren. Die Stämme werden in fingerlange Stücke geschnitten, die mindestens einen Knoten mit einem schlafenden Auge aufweisen sollen. Diese Stammstecklinge pudert man nach dem Schnitt mit Holzkohlenpulver ein und legt sie waagerecht in eine Schale mit Stecklingssubstrat (oder Torfmoos). Sie werden nicht völlig mit Erde bedeckt. Bei mindestens 25 °C bewurzeln sich diese Stecklinge bald, ebenso treiben die ruhenden Augen aus. Bei genügender Wurzelbildung kann man diese Gewächse bald einzeln in Töpfe pflanzen.

Knotenstecklinge werden waagerecht in das Vermehrungssubstrat gelegt.

Gelegentlich werden in Zeitungsanzeigen „preiswerte Südseepalmen" in Teilstükken angeboten. Bestellt man diese, so erhält man zu stark überhöhten Preisen ein verholztes Stammstück einer Yuccapalme (Palmlilie, *Yucca)* oder eines Drachenbaumes *(Dracaena)*, in Fachkreisen Ti-Plant genannt. Man ist sehr enttäuscht, wenn man das Päckchen erhält. Doch das Wunder geschieht, wenn nach Gebrauchsanweisung verfahren wird. Dieses Holzstück muß man in einen mit Erde gefüllten Topf stecken. Zur besseren Kennzeichnung der richtigen Seite wurde der obere Teil in Wachs getaucht.

Nach dem Angießen und längerer Wartezeit treiben diese Stammstecklinge aus und eine neue Pflanze entsteht. Dies zu beobachten kann einen Kauf dieser Art wert sein. Doch in der nächsten Gärtnerei bekommt man eine junge *Yucca* wesentlich billiger.

Viele Kakteen bilden Seitensprosse (siehe Seite 94), man denke nur an den Feigenkaktus *(Opuntia)*, viele Kugelkakteen *(Mammillaria, Echinopsis* u.a.) oder an die Weihnachtskakteen *(Schlumbergera)*. Trennt man von diesen ausgereifte Glieder oder Seitensprosse ab, läßt diese einige Tage abtrocknen und steckt sie dann in Stecklingssubstrat, so bilden sich bald neue Wurzeln. Oft genügt es sogar, die Teilstücke auf der Erde liegenzulassen, wo sich in Kürze neue Würzelchen bilden.

Knoten- oder Augenstecklinge

Unter diesem Begriff versteht man kurze Stamm- oder Sproßstecklinge, die nur ein oder zwei Augen aufweisen (Abbildung Seite 51). Die Stücke werden flach in Erdsubstrat gelegt (*Dieffenbachia;* Vorsicht, giftig!) oder einzeln in Töpfe gesteckt, wie das beim Gummibaum *(Ficus, ein Blatt muß vorhanden bleiben)* gemacht wird.

Abrißstecklinge

Manche Stecklinge bilden eher Wurzeln, wenn ein Stück älteres Holz an der Basis vorhanden ist (besonders bei Nadelgehölzen). Will man also Lebensbaum *(Thuja)*, Scheinzypresse *(Chamaecyparis)* oder Eiben *(Taxus)* vegetativ vermehren, so bieten sich folgende Möglichkeiten:

❁ Man sucht sich 8 – 12 cm lange Seitentriebe und reißt diese vom Zweig ab. Mit dem scharfen Stecklingsmesser wird das vorhandene Fähnchen glattgeschnitten und gleichzeitig eingekürzt.

❁ Eine weitere Möglichkeit ist, die gewünschten Triebe am Zweig kurz einzuschneiden und dann mit einem kräftigen Ruck den Trieb abzureißen. So spart man sich den Nachschnitt und hat dennoch ein Stück des alten Holzes am Steckling dran.

❁ Die gleichen Seitentriebe kann man auch auf „Astring" schneiden. Dies geschieht so: Man schneidet die Triebe dicht am Zweig ab, so daß auch ein Stück des alten Holzes am Stielgrund vorhanden ist.

Nun kann sofort auf die übliche Art gesteckt werden. Nach einigen Monaten oder gar Jahren werden die Stecklinge zuerst Kallus und dann auch Wurzeln bilden.

Man muß bei dieser Vermehrung allerdings viel Geduld aufbringen. Rascher kommt man hier zum Erfolg, wenn man Bewurzelungshormone einsetzt. Die vorbereiteten Abrißstecklinge steckt man in das Hormonpulver, schnippt mit dem Zeigefinger das Restpulver ab und steckt sie sofort in die vorbereitete Schale.

Abrißstecklinge von Koniferen:
1. *Seitentriebe reißt man vom Zweig ab und steckt sie in Vermehrungssubstrat.*

2. *Ist das Fähnchen noch erhalten, so schneidet man dieses ab und steckt erst dann die Stecklinge in Vermehrungssubstrat.*

Rißlinge

Rißlinge nennt man bewurzelte Einzeltriebe von manchen Stauden, die kurze Ausläufer bilden. Dazu zählen die Herbstastern *(Aster novi-belgii, Aster novae-angliae)*, die niederen Kissenastern *(Aster dumosus)*, den Sonnenhut *(Rudbeckia)* und viele andere Arten. Man gräbt die ganze Staude aus oder macht ein Teilstück ab und reißt die Triebe einzeln ab. Mit einer Schere geht es noch besser, denn die Wunden sind kleiner und glatter. Anschließend Wurzeln um die Hälfte kürzen. Jeder einzelne Trieb kann nun sofort in mäßig nährstoffreiche Erde pikiert werden. Bei hoher Luftfeuchtigkeit und Wärme geht die weitere Wurzelbildung rasch vonstatten.

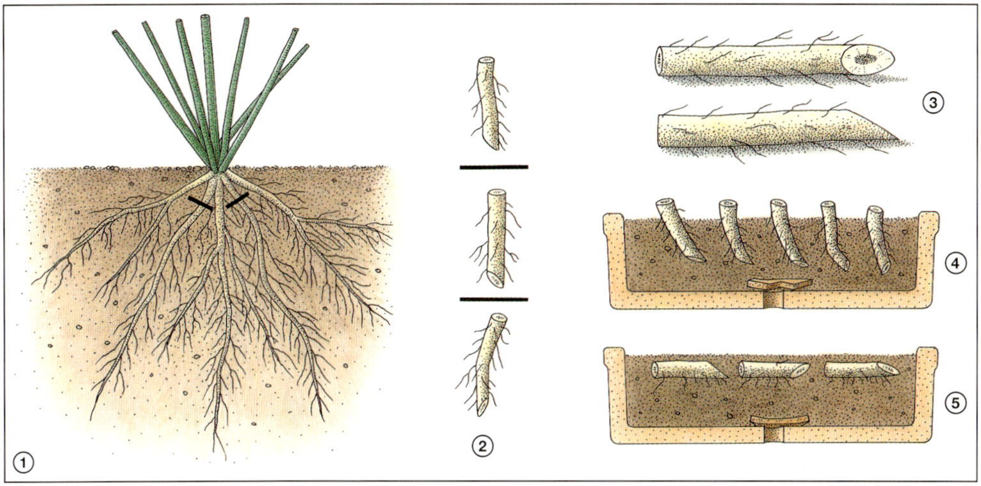

Wurzelschnittlinge: Gut ausgebildete Wurzeln abtrennen **(1)** *und in etwa 5 cm lange Stücke schneiden* **(2)**. *Unten schneidet man die Stücke schräg an* **(3)**. *Diese steckt man nun tief in Schalen mit Stecklingssubstrat* **(4)**. *Auch das flache Legen der Wurzelstücke ist erfolgreich* **(5)**.

Wurzelschnittlinge

Einige Gehölz- und Staudenarten kann man durch Wurzelschnittlinge vermehren. Dazu zählen Aralie *(Aralia elata)*, Essigbaum *(Rhus typhina)*, Strauchkastanie *(Aesculus parviflora)* bei den Gehölzen, bei den Stauden die Kugelprimel *(Primula denticulata)*, Türkischer Mohn *(Papaver orientale)*, Hohe Flammenblume *(Phlox paniculata)* und Edeldistel *(Eryngium)* sowie einige Farne *(Matteuccia* und *Onoclea)*. Manche weitere Arten sind ebenfalls auf diese Weise vermehrbar.

Auch der Storchschnabel (Geranium) *wird durch Rißlinge vermehrt.*

Der Wurzelschnittling einer Winde treibt aus.

Voraussetzung ist, daß sich an den Wurzeln „schlafende Augen" befinden. Diese ruhenden Knospen können bei Bedarf austreiben und Triebe oder Wurzeln bilden.
Man legt daher im späten Herbst einige Wurzeln der Gehölze frei und schneidet sie ab, bei Stauden gräbt man die ganze Pflanze vorsichtig aus. Die geeigneten Wurzeln schneidet man nun in 3–4 cm lange Stücke. Als zweckmäßig hat sich erwiesen, wenn der untere Teil schräg, der obere Teil gerade geschnitten wird. Dann weiß man jederzeit, wie die Teilstücke in das Substrat kommen müssen. Steckt man sie nämlich verkehrt herum, wartet man vergebens auf Triebe und Wurzeln.
Man kann die Schnittlinge nun leicht schräg, aber gleichmäßig hoch in eine vorbereitete Schale mit Stecklingssubstrat stecken, so daß sie etwa 1 cm mit Substrat bedeckt werden können. Es ist auch möglich, die Wurzelschnittlinge

flach einzulegen und etwa 1–2 cm mit Substrat zu bedecken. Nach dem Angießen dürfen keine zu hohen Temperaturen auftreten. Ein kühles Zimmer oder ein Kalthaus leisten nun gute Dienste. Man sorge stets für genügend Feuchtigkeit im Boden und in der Luft, achte aber ebenso auf Pilzbefall. Wenn sich nach einigen Wochen die ersten Triebe zeigen, kann man die Töpfe und Schalen an hellere und wärmere Plätze bringen. Meist ist der Austrieb ungleichmäßig. Im zeitigen Frühling können dann die raschwüchsigsten Pflänzchen in einzelne Töpfe verpflanzt werden. Die restlichen Jungpflanzen läßt man noch ein weiteres Jahr in der Anzuchtschale.

Blattstecklinge

Von einigen immergrünen Zimmerpflanzen und auch Sukkulenten kann man neue Pflanzen aus einzelnen Blättern ziehen. Dies ist insofern ungewöhnlich, weil sich an den Stielen und den Blättern normalerweise keine Knospen befinden. Treten allerdings Verletzungen auf, werden die Pflanzenzellen bei einigen Arten an den beschädigten Stellen zu Wurzeln und Trieben umgebildet.

Das beste Beispiel für diese Möglichkeit bietet das Usambaraveilchen *(Saintpaulia ionantha)*. Dazu schneidet man ausgewachsene Blätter einschließlich des Blattstiels ab und steckt diese sich dachziegelartig überlappend in einen Topf oder eine Schale mit Vermehrungssubstrat.

Nach einigen Wochen erscheinen junge Triebe. Man kann das alte Blatt sogar ein weiteres Mal zum Stecken verwenden, wenn der Blattstiel lang genug ist. Meist bilden sich mehrere junge Rosetten an den Blattstielen. Es ist sinnvoll, diese zu vereinzeln und zu pikieren. Macht man dies nicht, so entsteht ein Gewirr von mehreren Rosetten und vielen Blättern, aber wenigen Blüten.

Sind die jungen Triebe 4–6 cm hoch, können die jungen Pflänzchen in nährstoffreicheres Substrat verpflanzt werden. Auch

Blattstecklinge vom Usambaraveilchen:
1. *Ausgereiftes Blatt mit langem Blattstiel vorsichtig von der Pflanze abtrennen und in Stecklingserde stecken.*

2. *Nach einigen Wochen erscheinen die ersten Blättchen. Dann kann die junge Pflanze vorsichtig aufgenommen und eingetopft werden.*

Ein Blattsteckling von Kalanchoë beharensis *mit Jungpflanzen*

manche Begonienarten lassen sich auf diese Weise gut vermehren.
Von vielen Sukkulenten, dazu zählen auch verschiedene Fetthennen *(Sedum*-Arten), kann man einzelne Blättchen abnehmen und reihenweise in eine mit Vermehrungssubstrat gefüllte Schale legen (siehe Abbildung auf Seite 89). Bei genügender Wärme und Feuchtigkeit bilden sich bald Wurzeln und anschließend neue Triebe.
Weitere Sukkulenten, die sich gut durch Blattstecklinge vermehren lassen, sind viele *Kalanchoë*-Arten, dazu zählt auch das Flammende Käthchen *(Kalanchoë blossfeldiana)* und *Kalanchoë beharensis*, ferner Arten der Gattungen *Crassula* und *Senecio.*

Blattstückstecklinge

(Auch Blatt-Teilstecklinge genannt)

Es gibt sogar einige Pflanzen, die sich aus Blatt-Teilen regenerieren können. Dazu zählen einige Begonienarten *(Begonia-Rex*-Hybriden, siehe auch Seite 72), die Drehfrucht *(Streptocarpus*-Hybriden) und auch der Bogenhanf *(Sansevieria).*
Bei der Königsbegonie führen mehrere Methoden zum Erfolg:
❁ Ein großes Blatt wird von der Mutterpflanze abgeschnitten und auf ein Holzbrett gelegt, wie es in der Küche zum Schneiden von Kräutern verwendet wird. An einigen Stellen durchtrennt man mit einem scharfen Messer oder einer Rasierklinge die dicksten Blattadern. Nun legt man das Blatt auf eine mit Stecklingssubstrat gefüllte Schale und beschwert das Blatt (Oberseite muß nach oben zeigen) mit Steinchen oder befestigt es mit Klammern. Nach einigen Wochen erscheinen an den Schnittstellen die ersten jungen Pflänzchen.
❁ Bei einer anderen Methode zerschneidet man das ganze Blatt in 2–3 cm lange und ebenso breite Stücke. Besonders diejenigen Stücke sind gut zur Bewurzelung geeignet, wo Hauptadern vorhanden sind. Diese legt man nun flach auf die vorbereitete Steck-

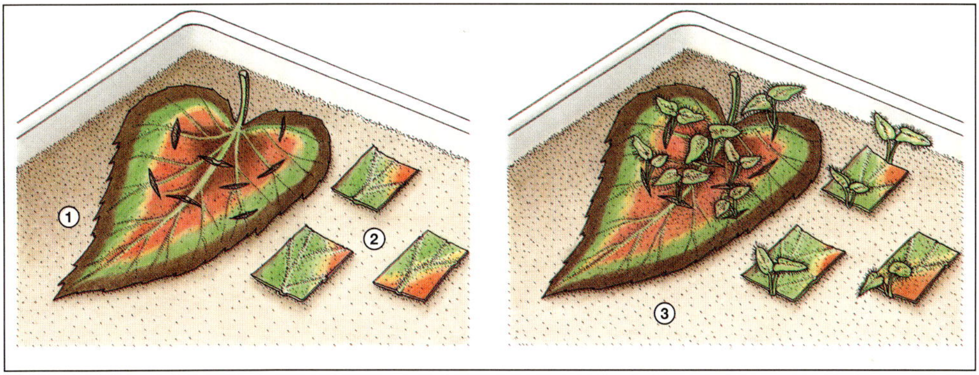

Blattstückstecklinge der Königsbegonie: Ausgereiftes Blatt mit der Blattunterseite flach auf eine mit Stecklingssubstrat gefüllte Schale legen **(1).** *Zuvor wurden die Blattadern an einigen Stellen mit einer Rasierklinge durchgetrennt. Auch kleine Blattstücke mit Hauptadern legt man flach auf das Substrat* **(2).** *Nach einigen Wochen bilden sich Triebe und Wurzeln* **(3).**

lingsschale, auch Stecken dieser Blattstücke führt zum Erfolg. Wichtig ist, daß Substrat und Luft mit Feuchtigkeit gesättigt sind. Man legt am besten nach dem Angießen eine Glasplatte über die Schale. Auch hier dauert es einige Wochen, bis die ersten Wurzeln und Triebe erscheinen.

Bei der Drehfrucht *(Streptocarpus)* kann man die langen Blätter in mehrere Stücke von 4–5 cm Länge schneiden und mit der unteren Seite in Substrat stecken. Weiterhin ist es hier möglich, das ganze Blatt zweimal entlang der Blattrippe zu schneiden, diese zu entfernen und die beiden Blatthälften zu stecken (siehe Abbildung auf Seite 91). Wurzeln und Triebe bilden sich an verschiedenen Stellen, so daß man später vor dem Verpflanzen die Blatthälften mehrmals trennen kann.

Eine Besonderheit ist beim Bogenhanf *(Sansevieria)* festzustellen. Die langen, zungenartigen Blätter schneidet man in 4–5 cm lange Teilstücke, markiert jeweils die untere Seite mit einem Schrägschnitt und läßt die Teilstücke erst einmal abtrocknen. Dann werden sie immer mit der Unterseite in Vermehrungssubstrat gesteckt (siehe Abbildung auf Seite 89). Nach einigen Wochen erscheinen die jungen Triebe. Wer auf diese Weise die gelbgestreiften Sorten ('Laurentii' oder 'Golden Hahnii') vermehrt hat, wird allerdings staunen, denn es erscheinen nur die grünen Triebe der Ausgangsart. Man muß daher die bunten Sorten durch Teilung vermehren.

Aus Blattstecklingen der gelbgestreiften Bogenhanfsorte Sansevieria trifasciata *'Laurentii' wachsen grüne Jungpflanzen.*

Absenker: Bodennahe Triebe werden leicht eingeschnitten **(1)**, *um die Wurzelbildung anzuregen, und bogenförmig abgesenkt* **(2)**. *Nach dem Absenken Trieb mit einer Klammer fixieren und mit Erde bedecken. Trieb nach der Wurzelbildung freilegen, abschneiden* **(3)** *und in frische Erde einpflanzen* **(4)**.

Vermehrung an der Mutterpflanze

An der Mutterpflanze werden Wurzeln durch Absenker (siehe unten), Ableger (siehe Seite 57), Anhäufeln (siehe Seite 58) und Abmoosen (siehe Seite 58) gebildet.

Absenker

Einige Gehölze lassen sich durch Absenker vermehren. Dazu zählen Hartriegel, Haselnuß, aber auch Magnolie und Rhododendron.

Elastische Triebe biegt man bogenförmig zur Erde nieder und gräbt sie leicht ein (Abbildung siehe Seite 56 unten). Durch Metallhaken werden die Triebe am Boden fixiert. Zusätzlich bringt man an der Stelle, die den Boden berührt, einen Schnitt an und zwängt einen flachen Kieselstein in die Wunde. Auch das Umwickeln mit Kupferdraht hat den gleichen Effekt. Es soll nämlich an dieser Stelle ein Assimilatstau entstehen, dadurch wird die Wurzelbildung angeregt.

Führt man diese Maßnahmen im Herbst durch, kann der Trieb schon im folgenden Frühling bewurzelt sein. Dann trennt man den Trieb von der Mutterpflanze ab und topft ihn ein oder pflanzt ihn gleich an die richtige Stelle. Da sich aus jedem Trieb nur eine einzige Pflanze bilden kann, ist die folgende Methode wirtschaftlicher.

Ableger

Dieses Verfahren ist dem Absenken sehr ähnlich. Nur werden die elastischen Ruten im Spätherbst ganz flach in strahlenförmig von der Mutterpflanze ausgehende Rillen gelegt. Eine Fixierung am Boden durch Haken (siehe Abbildung unten) ist auch hier angebracht. Die Triebspitze sollte wieder aus der Erde herausragen. Zunächst bleiben die Rillen offen, bis sich die ersten Neutriebe zeigen. Durch die waagrechte Lagerung der Ruten bilden sich mehrere neue Triebe. Dann füllt man die Rillen mit nahrhafter Erde auf, die man mit Sand vermischt hat. Nur noch die Spitzen der Jungtriebe sollen nun aus dem Boden herausschauen. Im Laufe der Zeit bilden sich neue Wurzeln an der Basis der Jungtriebe. Bei genügender Entwicklung der Wurzeln und Triebe trennt man die Jungtriebe voneinander, jeder ergibt eine neue Pflanze.

Das ganze Verfahren verlangt viel Geduld, denn 2 oder 3 Jahre können vergehen, bis die jungen Pflanzen herangewachsen sind.

Ableger: Triebe waagerecht in die Erde einlegen und bedecken **(1)**. *Mehrere Knospen treiben aus und bilden Jungpflanzen* **(2)**. *Diese werden nach der Wurzelbildung abgetrennt und einzeln aufgepflanzt* **(3)**.

Vor allem bei *Rhododendron*, vielen Hartriegelarten *(Cornus)*, Magnolien, ferner Unterlagen von Obstarten (Apfel, Pflaumen usw.) wird diese Vermehrungsart praktiziert.
Von Schlingpflanzen wie Glyzine *(Wisteria sinensis)* und Pfeifenwinde *(Aristolochia macrophylla)* kann man die elastischen Triebe ebenso ablegen, doch hier geschieht dies in Wellen. Immer wieder schaut also der Trieb aus dem Boden, nach einiger Zeit bilden sich auch die jungen Austriebe.

Anhäufeln

Gehölze, die nur kurze, aber viele Triebe bilden, werden mit lockerer, sandiger Erde angehäufelt. Dazu zählen Heidekrautarten *(Erica herbacea, Calluna vulgaris)*, vor allem aber Stachelbeeren.
Frühestens ein Jahr nach der Pflanzung schneidet man die Triebe im Herbst kurz über dem Boden ab. Eine Reisigabdeckung im Winter ist angebracht, um die Pflanzen zu schützen.
Im Frühling bilden dann die Pflanzen viele Jungtriebe. Sind diese etwa 15–20 cm hoch, können sie angehäufelt werden. Man bringt dann vorsichtig feine, lockere Erde zwischen die Triebe, so daß nur noch wenige cm aus dem Boden herausschauen. Bei weiterem Wachstum wird diese Maßnahme bis Ende Juni wiederholt, so daß mit der Zeit 20 – 30 cm hohe Kegel entstehen. Bis zum Herbst sind die jungen Triebe bewurzelt, so daß dann mit dem Abhäufeln begonnen werden kann. Eine erste Kontrolle zeigt, ob die Wurzelbildung ausreichend erfolgte (Wurzeln sollten mehrere cm lang sein). Vorsichtig wird nun die Erde entfernt und die Pflanzen freigelegt. Mit der Schere schneidet man nun die bewurzelten Triebe dicht über dem Boden ab und kann sie dann weiterkultivieren. Der Fachmann nennt die auf diese Weise gewonnenen Jungpflanzen „Abrisse".

Anhäufeln: **1.** *Kräftige Stachelbeerpflanze. Sie kann durch Anhäufeln mit lockerer, sandiger Erde vermehrt werden.*

In der Baumschule legt man ganze Mutterpflanzenquartiere an, die natürlich über viele Jahre hinweg Jungpflanzen liefern können.

Abmoosen

Weniger ergiebig ist diese Vermehrungsart, die bei Gehölzen und auch bei Zimmerpflanzen gelegentlich angewendet wird. Meist erfolgt das Abmoosen bei zu mächtig gewordenen Tropenpflanzen, wie z.B. Gummibaum (*Ficus*-Arten), Fensterblatt *(Monstera deliciosa)* oder Baumfarnen *(Sphegopteris)*. Bei Gehölzen, deren Stecklinge oder Steckhölzer nicht wachsen, hat diese Vermehrungsart Bedeutung, so bei Magnolien, Buchensorten, Rhododendron und vielen anderen Arten. Vielfach werden diese schwer vermehrbaren Gehölze veredelt, doch wenn man wurzelechte Pflanzen haben möchte, ist diese Methode ein brauchbarer Weg.

2. *Rückschnitt und Anhäufeln der Stachelbeerpflanze mit lockerer Erde: Dies geschieht im Herbst*

3. *Nach Wurzelbildung der Triebe abhäufeln. Die Triebe am Ansatz abreißen oder besser mit der Schere abschneiden.*

4. *Pflanzung der Abrißlinge in vorbereiteten Boden, die Wurzeln müssen dabei senkrecht in die Erde gelangen.*

5. *Fertig gepflanzter Abrißling der Stachelbeere, der im Frühling Triebe und Wurzeln bildet.*

Starke, verholzte Triebe werden entweder mit Kupferdraht umwickelt oder mit einem Einschnitt in Knotennähe versehen. Durch beide Methoden stauen sich die sproßabwärts fließenden Assimilate, eine Wurzelbildung erfolgt, wenn man es richtig macht.

Zum Abmoosen benötigt man feuchtes Torfmoos, scharfe Werkzeuge, dunkle Plastikfolie und einen Topf.

Abmoosen eines Gummibaumes:
***1.** Stamm leicht einschneiden und einen Fremdkörper in die Wunde einlegen (Alufolie, ein Steinchen oder Streichholz). Störende Blätter vorher entfernen. **2.** Dunkle Plastikfolie tütenförmig unterhalb der Wunde befestigen.*

Damit der Einschnitt nicht bald zusammenwächst, klemmt man in den entstandenen Spalt eine Aluminiumfolie, einen flachen Stein oder ein Streichholz.
Nun umwickelt man die Wunde mit feuchtem Torfmoos *(Sphagnum)* oder aber man umhüllt die Wunde mit einem einseitig aufgeschnittenen Kunststofftopf, der mit Erde oder Torfmoos gefüllt ist. Darüber kommt eine dunkle Plastik- oder Aluminiumfolie, die an beiden Seiten fest verschlossen wird.
Vor direkter Sonnenbestrahlung ist dieser Torfmoosballen zu schützen, denn sonst entstünden innerhalb der Folie zu hohe Temperaturen, und die jungen Wurzeln würden vertrocknen. Daher ist immer wieder zu kontrollieren, ob das Torfmoos auch feucht genug ist.
Normalerweise bilden sich innerhalb von 5–6 Wochen neue Wurzeln. Sind diese genügend entwickelt, so schneidet man den bewurzelten Trieb unterhalb des Moosballens ab und topft die neugewonnene Pflanze ein.
Die Mutterpflanze wird in den meisten Fällen mehrere Seitentriebe bilden und dadurch buschiger werden. Ältere Zimmerpflanzen werden auf diese Weise ansehnlicher, außerdem gewinnt man eine neue Pflanze.

Veredeln

Viele Gartenpflanzen, die man in den Baumschulen erwirbt, sind veredelt. Darunter versteht man Pflanzen, die aus zwei Teilen zu einem Ganzen zusammengefügt wurden. Der Basisteil mit den Wurzeln wird Unterlage, der obere Teil Edelreis oder Edelauge genannt. In der Regel soll die Unterlage ein gutes Wurzelsystem bilden, welches die spätere Edelpflanze mit Wasser und Nährstoffen versorgen kann. Das Edelreis besitzt sämtliche Erbfaktoren einer Sorte, die eine Verbesserung der Unterlage darstellt. Natürlich ist es nur möglich, Pflanzen zu veredeln, die miteinander nahe verwandt sind. Beetrosen werden z. B. per Okulation (Augenveredlung) auf Wildrosen veredelt.
Die meisten Obstbäume werden ebenfalls durch Veredlung vermehrt. Hier stehen verschiedene Unterlagen zur Auswahl. Jede davon hat unterschiedliche Eigenschaften, die später auch die Qualität der Früchte beeinflussen. Man unterscheidet hier schwach-, mittel- und starkwachsende Unterlagen.
Meist wird eine Veredlung angewandt, wenn diese rationeller ist oder wenn andere Vermehrungsmethoden nicht funktionieren.

③

④

⑤

3. *In die Tüte feuchtes Torfmoos* (Sphagnum) *einfüllen.*

4. *Tüte oben ebenfalls zubinden.*

5. *Nach 6–8 Wochen haben sich an der Schnittstelle Wurzeln gebildet. Nun entfernt man die Manschette, so daß die neugebildeten Wurzeln freiliegen. Unterhalb dieser neuen Wurzeln mit einem scharfen Messer abschneiden. Die so gewonnene Pflanze eintopfen.*

Die beliebte Korkenzieherhasel *(Corylus avellana* 'Contorta') kann nur durch eine Veredlung auf eine gewöhnliche Hasel *(Corylus avellana)* vermehrt werden. Stecklinge wachsen nicht, und die Samen, die an einer Korkenzieherhasel geerntet werden, ergeben nur die gewöhnliche Hasel. Diese besonders reizvolle Mutation entstand 1863 in England. Von dieser ersten gefundenen Pflanze stammen im Grunde alle Exemplare ab, die heute in unseren Gärten und Parks anzutreffen sind. Immer wieder kann man beobachten, daß aus der Basis einer „Edelpflanze" andersartige Triebe erscheinen. Bei der Korkenzieherhasel stammen diese steifen, geraden Triebe von der Unterlage. Werden diese nicht umgehend an der Entstehungsstelle entfernt, so können sie in kurzer Zeit die eigentliche Pflanze überwuchern und zum Absterben bringen.

Weitere Gartenpflanzen, die oft Wildtriebe hervorbringen, sind Beetrosen

Durch Okulation werden Beetrosen auf Wildrosen veredelt. Das Edelauge der Beetrose ist rot, das Wildauge der Unterlage grün. Dieses Wildauge sollte nun abgeschnitten werden.

und Mandelbäumchen, aber auch manche Schneeballarten *(Viburnum)*.

Veredlungen können an verschiedenen Stellen der Pflanze erfolgen. Bei vielen Rosen wendet man die **Wurzelhalsveredlung** an, das bedeutet, daß die Veredlungsstelle dicht über dem Erdboden sitzt. Um die Pflanzen vor starken Frösten zu schützen, werden viele Rosen bis über diese Stelle im Herbst mit Erde angehäufelt.

Bei Hochstämmen der Obstbäume findet man die Veredlungsstelle im Kronenbereich, man nennt dies daher **Kopfveredlung.** Ebenso veredelt man auf diese Weise Hängeformen mancher Zierbäume, wie z. B. die Hängekirsche *(Prunus serrulata* 'Kiku-Shidare-Sakura'), die Hängebirke *(Betula pendula* 'Youngii') und auch die Hängebuche *(Fagus sylvatica* 'Pendula').

Werden auf ältere Obstbäume neue Reiser aufgepfropft, so findet dies auch

Alter Obstbaum nach der Pfropfung

Alter Obstbaum 2 Jahre nach der Pfropfung

im Kronenbereich statt. Diese Form der Veredlung wird bei einiger Übung von vielen Gartenfreunden vorgenommen, die mit den älteren Sorten nicht mehr zufrieden sind.

Gewinnung der Edelreiser

Pflanzenteile, mit denen wir eine Verbesserung erzielen wollen, müssen selbstverständlich von gesunden Mutterpflanzen stammen. Reiser von Obstbaumsorten sollten virusgetestet oder gar virusfrei sein.
Da die Reiser meist im laublosen Zustand geschnitten werden, sollte man schon im Sommer die zukünftigen Edelreiser aussuchen und etikettieren. Besonders achte man dabei auf

- Reichblütigkeit,
- Wüchsigkeit,
- Frosthärte,
- Krankheitsresistenz,
- Gesundheit,
- Fruchtfarbe und Geschmack (Obst).

Wenn die Blätter abgefallen sind, sind solche wichtigen Kriterien kaum mehr zu erkennen. Also muß man sich auf die Aufzeichnungen verlassen, die man im Laufe des Sommers gemacht hat.
Die Reiser werden an frostfreien Tagen im Vorfrühling geschnitten, bevor die Knospen mit dem Austrieb beginnen. Sie werden kühl und frostfrei gelagert. In der Regel werden zur Veredlung nur vorjährige Reiser verwendet. Die Veredlungen nimmt man dann bei günstigem Wetter in den nächsten Tagen vor.
Edelreiser für die Okulation werden im Sommer geschnitten. Bei Rosen eignen sich dafür gut ausgereifte, etwa gerade abgeblühte Triebe, die mehrere kräftige Knospen aufweisen. Man entfernt die Blätter, beläßt aber die Blattstiele am Trieb. Mehrere Triebe einer Sorte werden gebündelt und mit dem Namen der jeweiligen Sorte versehen. Um ein Austrocknen zu verhindern, gibt man die Bündel in eine Plastiktüte und bewahrt diese bis zur Verwendung im kühlen Keller auf. Die Okulation erfolgt im Hochsommer, also wenige Tage nach dem Schnitt der Edelreiser.
Auch im Winter sind Veredlungen möglich. Während der Vegetationsruhe werden vor allem Nadelgehölze veredelt. Wartet man, bis die Edelreiser austreiben, ist es zu spät, weil die Wunden zu stark verharzen. Das Anwachsen des Edelreises ist gefährdet, wenn nicht unmöglich.
Vor allem werden bei Nadelgehölzen die

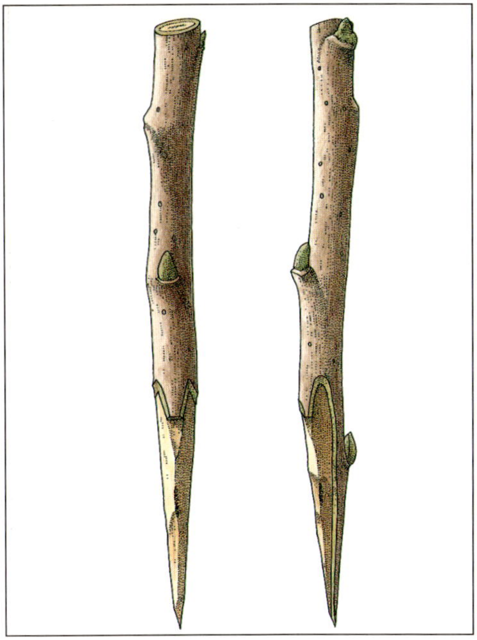

Fertig zugeschnittene Edelreiser für die Geißfußpfropfung

Zwergformen veredelt. Oft stammen die Edelreiser aus sogenannten Hexenbesen. Dies sind große, kugelige Gebilde, die gelegentlich an einem normal gewachsenen Baum auftreten. Diese Hexenbesen sind nicht mit Misteln zu verwechseln, die ja zu den Halbschmarotzern zählen. Unter Hexenbesen versteht man Triebbündelungen mit verkürzten Internodien. Dieser Zwergwuchs kann durch verschiedene Mikroorganismen ausgelöst worden sein.

Man entnimmt also diesen Wucherungen Edelreiser und veredelt diese auf Sämlinge der Ausgangsart. Die in den vergangenen Jahren oft verwendeten Zwergwacholder (*Juniperus squamata* 'Blue Star' und 'Blue Carpet') sind auf diese Weise entstanden, ebenso viele Zwergkiefern und -fichten.

Möchte man Blaufichten (*Picea pungens* 'Glauca Koster') veredeln, so sollte man als Edelreiser möglichst nur Gipfeltriebe verwenden. Nur dann ist gewährleistet, daß die zukünftige Blaufichte auch einen geraden Stamm bildet. Weil dies aber nicht immer möglich ist, verwendet man Seitentriebe. Diese haben aber die Eigenart, daß sie später schräg weiterwachsen. Sie müssen also zunächst an einen Stab gebunden und damit an die Senkrechte gewöhnt werden. Sämlinge wachsen dagegen viel regelmäßiger, haben aber nicht die gewünschten Eigenschaften.

Unterlagen

Auch der Unterlage kommt eine wichtige Bedeutung zu. Edelreis und Unterlage können nur dann innig miteinander verwachsen, wenn beide eng verwandt sind. Die vorhin angeführte Blaufichte wächst gut auf einer Unterlage der Stechfichte (*Picea pungens*), am besten auf der gewöhnlichen Rotfichte (*Picea abies*). Die beliebten winterblühenden Zaubernüsse (*Hamamelis*) werden auf die herbstblühende *Hamamelis virginiana* veredelt.

Die beiden Partner fürs weitere Pflanzenleben müssen mindestens der gleichen Pflanzenfamilie angehören. Günstiger ist es in jedem Falle, wenn beide der gleichen Gattung oder der gleichen Art angehören. Doch selbst dies bietet keine Gewähr für das erfolgreiche Verwachsen der Veredlung. Es gab schon Fälle, wo die Verwendung eines falschen Veredlungswachses eine dauerhafte Verbindung verhinderte.

Bei allen Veredlungstechniken ist immer eine Grundvoraussetzung zu erfüllen, nämlich, daß die Kambiumschichten beider Pflanzenteile zusammengefügt werden müssen. Das Kambium liegt direkt unter der Rinde und ist für das sekundäre Dickenwachstum der Pflanzen erforderlich. In diesem Bereich liegen die teilungsfähigen Zellen, die umgehend entstandene Wunden verschließen.

Jede Veredlung muß also fixiert werden, bis die Verwachsung erfolgt ist. Je nach Art der Veredlung geschieht dies mit Bast, speziellen Gummibändern oder mit einem Schnellverschluß. Meist ist ein Verstreichen mit einem speziellen Veredlungswachs erforderlich, nicht jedoch bei Okulation. Durch das Verstreichen soll das Eindringen von Wasser und Schadorganismen verhindert werden.

Die Unterlage der Korkenzieherhasel treibt gerade Triebe. Diese müssen entfernt werden.

Rosenokulation:
1. *Das Edelauge einer Rose wurde in die Unterlage eingesetzt.*

Die wichtigsten Veredlungsarten

Okulation

Darunter versteht man eine Augenveredlung (lat. oculus = Auge). Sie wird bei vielen Obstarten (Pfirsich) und vor allem bei Beetrosen vorgenommen. Dabei wird eine Knospe, also das Auge, in den Wurzelhals der Unterlage praktiziert. Nach der Verwachsung treibt das Edelauge aus, während dann die Unterlagentriebe entfernt werden müssen.
Bei den Okulationen in den Sommermonaten ist das Auge in Ruhestellung, man spricht daher von einer Veredlung auf das schlafende Auge. Bei im Frühling durchgeführten Veredlungen treibt das Auge bald nach dem Anwachsen aus, man nennt dies daher eine Okulation auf das treibende Auge.
In der Praxis läuft die Rosenkultur folgendermaßen ab:
❁ Anzucht der Unterlagen durch Stratifikation der Samen von *Rosa canina*, dies dauert meist 18 Monate.
❁ Aussaat im Herbst oder Frühling auf Beete.
❁ Nach der Keimung im Frühling entwickeln sich die Sämlinge bis zum Herbst.
❁ Dann werden sie aufgenommen und nach Qualität und Größe sortiert. Pflanzen unter 3 mm Stärke und solche mit krummen Wurzelhälsen werden ausgeschieden.
❁ Über den Winter werden die Unterlagen bündelweise in Erde eingeschlagen.
❁ Wenn im März/April das Freiland abgetrocknet ist, können die Wildlinge reihenweise gepflanzt werden. Bei einem Reihenabstand von 65 cm beträgt der Abstand von Pflanze zu Pflanze 15 cm.
❁ Nun werden die Wildlinge angehäufelt, so bleibt der Wurzelhals lang wird und weich.
❁ Vor der Okulation wird die Erde wieder abgehäufelt, die Wurzelhälse freigelegt und mit einem Tuch gereinigt.
❁ Die eigentliche Okulation erfolgt von Juli bis August. Die Voraussetzung ist, daß sich die Rinde der Unterlage leicht lösen läßt. Außerdem müssen sich die Edelaugen ebenfalls gut herauslösen lassen.
❁ Die Edelreiser der gewünschten Sorten schneidet man erst kurze Zeit vor der Verwendung. Sie müssen von gut ausgereiften Trieben stammen, die Blätter werden bis auf einen etwa 1 cm langen Blattstiel entfernt.
❁ Mit einem Okulationsmesser schneidet man einen T-förmigen Schnitt in den Wurzelhals, zuerst wird der waagerechte, dann der senkrechte Schnitt angebracht.
❁ Mit dem speziellen Löser des Okuliermessers werden die Rindenlappen so gelöst, daß man das Edelauge einführen kann. Dieses wird erst kurz vor der Verwendung geschnitten. Dazu wird ein flacher Schnitt unterhalb des Auges angesetzt und das Auge herausgelöst. Der Schnitt ist etwa 3 cm lang, das mit herausgeschnittene Holzschildchen ist so abzumachen, daß man die Schnittstelle des Auges nicht berührt.

2. *Nun wird die Veredlung mit OSV-Verschluß verbunden. Nach dem Aufplatzen kann das Auge austreiben.*

Das Edelauge bei dieser Apfelokulation ist mit der Unterlage verwachsen und der OSV-Verschluß aufgeplatzt.

- Nun wird das Edelauge von oben so tief in den T-Schnitt eingeschoben, daß es fest sitzt.
- Nun wird es mit Naturbast festgebunden, und zwar so, daß das Auge freibleibt.
- Ein Anstrich mit Veredlungswachs ist nicht erforderlich.

In den Baumschulen wird das Auge mit einem speziellen Okulations-Schnellverschluß (OSV, im Handel erhältlich) verbunden, der das Verbinden sehr beschleunigt. Diese einfache Erfindung besteht aus einem rechteckigen Gummistück einer speziellen Mischung, welches mit einer U-förmigen Klammer straff befestigt wird. Vor dem Verbinden mit dieser Methode muß allerdings der Blattstiel entfernt werden. Dieser OSV-Verschluß hat noch weitere Vorteile, er schützt das Edelauge vor dem Austrocknen und vor der Okuliermade. Nach einigen Monaten wird dieses Gummistück porös, und das Auge kann austreiben.

Innerhalb von 2–3 Wochen ist das Auge bei den Rosen angewachsen, der Blattstielrest fällt leicht ab. Bald nach der Okulation werden die veredelten Wildlinge angehäufelt. Dies dient zum Schutz des Edelauges vor Austrocknung und vor dem Frost. Im zeitigen Frühling wird die Erde wieder entfernt. Nun wird auch die Wildlingskrone etwa 2 cm oberhalb der Veredlung abgeschnitten.

Der neue Austrieb entwickelt im Laufe des Sommers mehrere Triebe, wenn rechtzeitig gestutzt worden ist. Im Sommer erscheinen die ersten Blüten der Edelsorte. In der Baumschule werden die Pflanzen im Herbst gerodet, gebündelt, etikettiert und bis zum Verkauf im Kühlhaus gelagert. Der Hobbygärtner kann diese Veredlungsmethode im Sommer einmal ausprobieren, indem er Augen von verschiedenen schönen Sorten in die oberirdischen Triebe einer Kletterrose einsetzt. Auf diese Weise erhält er eine Rose mit verschiedenen Blütenfarben.

Pfropfung

Das Pfropfen von **Kakteen** ist auf Seite 94 beschrieben.

Geißfußpfropfen

Bei laubabwerfenden Gehölzen, besonders bei Obstbäumen, aber auch z. B. beim Wilden Wein, wird das Geißfußpfropfen angewandt. Diese Veredlungsart ist dann von Bedeutung, wenn die Unterlage stärker als das Edelreis ist. Möchte man auf einen älteren Obstbaum eine bessere Sorte veredeln, so werden die alten Äste im Herbst abgesägt.

Vor dem Austrieb im Vorfrühling glättet man die Wunden und macht mit zwei Schnitten einen keilförmigen, etwa 4 cm langen Spalt in die Unterlagen. Die Edelreiser hat man sich von virusfreien Sorten längst besorgt (siehe Seite 62) und kühl gelagert. Nun schneidet man sie in 10–15 cm lange Stücke. Die Basis wird ebenfalls keilförmig zugeschnitten, so daß das Reis in den Keilschnitt der Unterlage genau paßt. Wenn die beiden Kambiumschichten nicht genau aufeinanderliegen, wächst das Reis nicht an.
Mit Naturbast wird nun das Edelreis fixiert.

Ist der Pfropfkopf größer als ein Fünfmarkstück, werden auch zwei oder drei Edelreiser eingesetzt. Dadurch verwächst die Wunde rascher. Der ganze Pfropfkopf muß nun mit Veredlungswachs verstrichen werden.

Im Frühling treiben die Reiser aus. Im folgenden Spätherbst muß man sich entscheiden, welcher Neutrieb für die Kronenbildung besonders wichtig ist. Meist werden die Triebe der Kroneninnenseite bevorzugt, sie brechen bei Belastung nicht so rasch ab. Die anderen Triebe werden entfernt.

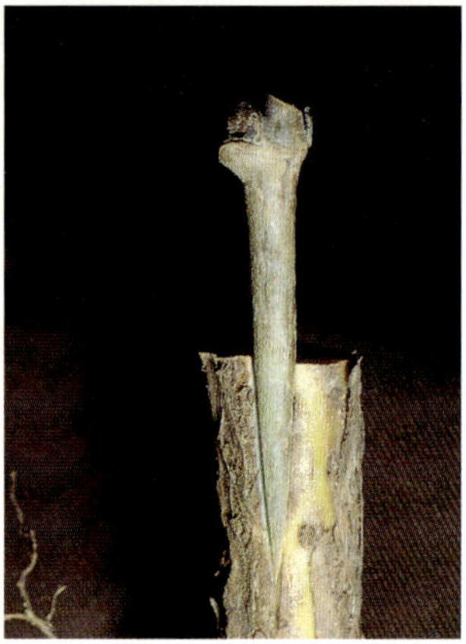

Geißfußpfropfung von Wildem Wein und Apfel: **1.** *Das Edelreis ist in die Unterlage so eingesetzt, daß die Rinde und das Kambium übereinanderliegen.* **2.** *Nach dem Einsetzen wird mit Veredlungsband verbunden.*

Spaltpfropfen

Das Pfropfen in den Spalt der Unterlage ist eine einfache Form der Geißfußveredlung. Sie wird ebenfalls bei Obstbäumen angewandt und auch beim Wilden Wein *(Parthenocissus tricuspidata* 'Veitchii'), der auf Sämlingen des fünfblättrigen Weines veredelt wird.

Hierbei wird die Unterlage kurz über der Erde sauber abgeschnitten und mit dem Messer ein Spalt angebracht. Die Edelreiser werden keilförmig zugeschnitten, aber flacher als beim Geißfußschnitt. Auch hier ist es wichtig, daß die Kambiumschichten aufeinanderpassen. Nach dem Verbinden wird die Veredlung wieder verstrichen.

Kopulation

Diese relativ einfache Veredlungsart kommt ebenfalls bei Obstbäumen im Vorfrühling zur Anwendung. Auch Azaleen können so veredelt werden. Voraussetzung ist, daß Unterlage und Edelreis den gleichen Durchmesser aufweisen.

Zunächst macht man mit einem scharfen Veredlungsmesser einen etwa 4 cm langen Schrägschnitt durch die Unterlage. Auf die gleiche Weise wird nun der Schnitt beim Edelreis gemacht, so daß beide Schnitte völlig zusammenpassen. Dann wird mit einem Veredlungsgummiband verbunden und mit Veredlungswachs verstrichen.

Das Edelreis wird nun eingekürzt, daß es nur noch vier bis sechs Augen besitzt. Nach etwa 6 – 8 Wochen ist das Edelreis angewachsen, es treibt aus.

Kopulationen von Azaleen werden nicht verbunden, sondern geklammert.

Seitliches Anplatten

Diese Form der Veredlung kommt besonders bei Nadelgehölzen zur Anwendung.

Wenn man eine Blaufichte anziehen möchte, so benötigt man zunächst die

Veredlung von Blaufichte auf Rotfichte durch seitliches Anplatten:
1. *Die fertige Veredlung (rechts Wildling, links Edelreis).*
2. *Nun ist das Edelreis mit der Unterlage verwachsen.*
3. *Die Unterlage wird nach dem Verwachsen entfernt.*

richtige Unterlage. Dafür eignen sich einmal Sämlinge der Stechfichte, aber auch Sämlinge der Rotfichte. Wenn die Unterlagen im Topf etwa 30–40 cm hoch sind, werden sie im Spätherbst vor den starken Frösten in das Gewächshaus geholt.
Im Winter wird in die Rinde des Haupttriebes von oben ein etwa 4–5 cm langer, flacher Schnitt gemacht. Das Edelreis einer Blaufichtensorte wird nun beidseitig angeschnitten, so daß ein flacher Keil entsteht. Vorher hat man an der zukünftigen Schnittstelle die Nadeln entfernt. Dieser Keil wird

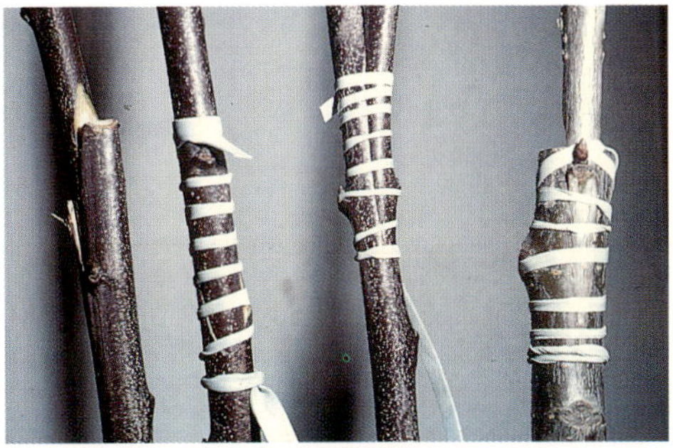

Verschiedene Veredlungen (von links nach rechts): Kopulation mit Gegenzungen, einfache Kopulation, seitliches Anplatten und Geißfußpfropfung.

so in den Schnitt eingefügt, daß die beiden Kambiumschichten zusammenpassen.
Der abstehende Lappen der Unterlage wird nun über das Edelreis gelegt und alles fest mit Veredlungsgummiband verschnürt. Ein Verstreichen ist bei Nadelgehölzen nicht notwendig. Die Töpfe werden anschließend schräg in Erde oder Torf eingesenkt. Die Veredlungsstelle sollte nach oben zeigen. Eine Folie sorgt für hohe Luftfeuchtigkeit.
Wenn im Frühling der Austrieb des Edelreises erfolgt, wird die Krone der Unterlage bis auf 10 cm oberhalb der Veredlungsstelle abgeschnitten. An diesem Zapfen wird der Edeltrieb festgebunden.
Ende Mai bringt man dann die Veredlungen ins Freie. Kurz vorher wird der Zapfen ganz entfernt. Die junge Blaufichte ist nun auf sich alleine gestellt. Sollte der Austrieb schräg abstehen, muß dieser an einem Bambusstab befestigt werden, bis er senkrecht wächst.

Ablaktieren

Diese Veredlungsart wird wegen des großen Aufwandes nur selten praktiziert, Hängebirken veredelt man auf diese Art.

Pflanzen-Portraits

Zimmer-, Balkon- und Kübelpflanzen

Die nicht winterharten Gewächse, die in Zimmern, Wintergärten und Gewächshäusern, Balkon und Terrasse kultiviert werden, stammen meist aus den Tropen und Subtropen. Sie sind an ein feuchtwarmes Klima gewöhnt und kennen keine so stark ausgeprägten Jahreszeiten wie unsere Freilandpflanzen.

Vermehrung:
Die Vermehrung erfolgt vorwiegend vegetativ und ist meist ganzjährig möglich. Beste Erfolge sind im Vorfrühling und Frühling zu erwarten, wenn die Tage länger werden und das Wachstum verstärkt einsetzt.
Besonders bei Stecklingen von verholzten Pflanzen empfiehlt sich die Anwendung von Bewurzelungshormonen (siehe Seite 21). Anzuchten aus Samen sind deshalb schwierig, weil viele Pflanzen bei uns keine Früchte bilden oder der dafür notwendige Bestäuber der Heimat fehlt. Man ist daher auf importiertes Saatgut angewiesen, welches selten in guter Qualität angeboten wird. Für Aussaaten ist ebenfalls das Frühjahr günstig. Neben den deutschen Bezeichnungen der Pflanzen sind besonders die wissenschaftlichen Namen von Bedeutung, weil sie international verständlich und nicht immer passende deutsche Namen vorhanden sind.

Schönmalve (Abutilon)

Wüstenrose (Adenium obesum) *gepfropft auf Oleander*

Lanzenrosette (Aechmea fasciata)

Wichtige Zimmer-, Balkon- und Kübelpflanzen

Schönmalve
Abutilon-Hybriden (Malvengewächse)
Kopfstecklinge ganzjährig bei 22 °C, nach der Bewurzelung 18 – 20 °C. Öfteres Entspitzen ergibt buschigere Pflanzen. Aussaat im Vorfrühling bei 20 – 22 °C.

Katzenschwanz
Acalypha hispida (Wolfsmilchgewächse)

Kopfstecklinge am besten im März/April. Die Temperatur soll bei 25 °C liegen, später öfter stutzen.

Acca
Acca sellowiana (Myrtengewächse)

Kopfstecklinge im Sommer bei Temperaturen zwischen 22 und 25 °C, bei Folienabdeckung bewurzeln lassen.

Schiefteller
Achimenes-Hybriden (Gesneriengewächse)

Die zapfenförmigen, winzigen Rhizome werden über den Winter trocken gelagert. Ab Februar topft man drei bis fünf Stück zusammen in humose Erde. Rhizomteilung im Vorfrühling möglich, auch Kopfstecklinge wachsen gut bei 22 °C.

Wüstenrose
Adenium obesum (Hundsgiftgewächse)

Die Vermehrung erfolgt durch Pfropfung auf Oleander (Vorsicht, giftig!). Man überlasse dies Spezialisten!

Lanzenrosette
Aechmea fasciata (Ananasgewächse)

Die bewurzelten Kindel trenne man ab, wenn diese etwa halb so groß wie die Mutterpflanze sind (Abbildung siehe Seite 69).

Kanarische Hauswurz
Aeonium (Dickblattgewächse)

Die meisten Arten lassen sich gut aus Kopfstecklingen der Rosetten vermehren (Abbildung siehe Seite 46), bei dickblättrigen Arten auch durch Stecken der einzelnen Rosettenblätter. Die ganz flach wachsende *Aeonium tabuliforme* zieht man aus Samen bei etwa 20 °C.

Schamblüte
Aeschynanthus radicans (Gesneriengewächse)

Diese dankbare Ampelpflanze wird durch Kopf- oder Triebstecklinge im Frühling bis zum Sommer vermehrt. Man steckt gleich mehrere Stecklinge in einen Topf (25 °C).

Agave
Agave americana (Agavengewächse)

Viele Agaven bilden rhizomartige, unterirdische Ausläufer (Abbildung siehe Seite 35), an deren Ende viele Jungpflanzen erscheinen. Im April bis Mai trennt man diese Kindel ab und topft sie ein. Schnittstellen mit Holzkohle einpudern und mehrere Tage abtrocknen lassen. Kleinrosettige Arten durch Samen im Frühling vermehren. Vorsicht: Spitze Dornen an Blattenden!

Kolbenfaden
Aglaonema commutatum (Aronstabgewächse)

Aussaat bei 22 – 25 °C, Samen dürfen nicht lange lagern. Kopfstecklinge bei hohen Temperaturen, einfacher ist die Teilung.

Schirmakazie (Albizia julibrissin)

Ananas (Ananas comosus *'Variegata'*)

Schirmakazie
Albizia julibrissin (Schmetterlingsblütler)

Vermehrung durch Aussaat bei 20 °C, harte Samenschalen aufrauhen.

Goldtrompete
Allamanda cathartica (Hundsgiftgewächse)

Ausgereifte Triebstecklinge bei 25 °C Bodenwärme vermehren, brauchen hohe Luftfeuchtigkeit und Wärme.

Baumaloe
Aloë arborescens (Liliengewächse)

Seitentriebe abtrennen, mehrere Tage abtrocknen lassen, dann bei 20 °C in Vermehrungssubstrat kultivieren. Auch Vermehrung durch Aussaat möglich.

Weiße Schattenröhre
Alsobia dianthiflora, syn. *Episcia* (Gesneriengewächse)

Diese hübsche, weißblühende Ampelpflanze vermehrt man durch Kopfstecklinge und bewurzelte Ableger unter Folie bei 25 °C.

Papageienblatt
Alternanthera ficoidea (Amarantgewächse)

Ab Januar sind Kopfstecklinge von überwinterten Mutterpflanzen möglich, öfteres Stutzen ergibt buschigere Pflanzen für Flächen.

Ananas
Ananas comosus (Ananasgewächse)

Abtrennen der Kindel nach erfolgter Wurzelbildung. Auch die Blattschöpfe der Früchte bilden Wurzeln, wenn man sie über einem wassergefüllten Glas befestigt. Sonst in eine Mischung aus Sand und Torfmoos stecken. Hohe Temperaturen um 25 °C sind erforderlich.

Känguruhblume
Anigozanthus flavidus (Amaryllisgewächse)

Diese noch seltene, behaarte Pflanze aus Australien wird vermehrt durch Teilung älterer Pflanzen oder auch Aussaat.

Fleißiges Lieschen
Anisodontea capensis (Malvengewächse)

Klein-, aber reichblühende Kübelpflanze aus Südafrika. Vermehrung durch Kopfstecklinge bei 20 °C und durch Samen.

Flamingoblume
Anthurium (Aronstabgewächse)

Ältere Pflanzen werden am einfachsten geteilt. Bei der Aussaat Fruchtfleisch vorsichtig durch Auswaschen entfernen, nur frisches Saatgut ist keimfähig. Großes Wärmebedürfnis, auch bei der Anzucht.

Anzucht der Flamingoblume (Anthurium) *durch Samen: Keimpflanzen auf Kunststoffwürfel (Baystrat)*

Glanzkölbchen
Aphelandra squarrosa (Akanthusgewächse)

Pflanze mit auffälliger Blattzeichnung aus Brasilien. Vermehrung durch Kopfstecklinge bei 25 °C unter Folie.

Erdnuß
Arachis hypogaea (Schmetterlingsblütler)

Mehrere frische Samen (Erdnüsse in Schalen) in Töpfen bei 20 °C zur Keimung bringen.

Zimmertanne
Araucaria heterophylla (Araukariengewächse)

Nur Kopfstecklinge von Spitzentrieben ergeben später den schönen, gleichmäßigen Wuchs. Bewurzelungshormon verwenden. Benötigt zur Anzucht Wärme (um 22 °C), später kühler halten (um 15 °C). Auch Aussaat von frischem Saatgut möglich.

Erdbeerbaum
Arbutus unedo (Heidekrautgewächse)

Immergrüne Arten aus dem Mittelmeerraum. Vermehrung durch Kopfstecklinge bei 20 °C oder Aussaat des feinen Samens.

Spitzblume
Ardisia crenata (Myrsinengewächse)

Kopfstecklinge bei 25 °C zur Bewurzelung bringen. Aussaat gut möglich, denn die roten Früchte werden reichlich gebildet. Sie sind der eigentliche Schmuck dieser Art. Samen aber vor der Aussaat auswaschen.

Pfeifenblume
Aristolochia grandiflora (Osterluzeigewächse)

Vermehrung durch Stamm- und Kopfstecklinge bei 25–30 °C.

Seidenpflanze
Asclepias curassavica (Seidenpflanzengewächse)

Aussaat im Februar bei 20–25 °C. Später stutzen, damit die Pflanze buschiger wird.

Zierspargel
Asparagus setaceus (Liliengewächse)

Aussaat ab Januar bei Temperaturen von 20–25 °C. Samen vorher vom Fruchtfleisch befreien, nach der Saat mit Zeitungspapier abdecken.

Blüten der Schusterpalme (Aspidistra elatior) am Grund der Pflanze

Blattstücksteckling der Königsbegonie (Begonia-Rex-Hybride) *treibt.*

Schusterpalme
Aspidistra elatior (Liliengewächse)

Besonders anspruchslose Grünpflanze aus Japan. Ältere Pflanzen werden im Frühling geteilt. Die der Erde aufliegenden rosafarbenen Blüten (Abbildung oben links) setzen gelegentlich Samen an, Aussaat ab März möglich.

Aukube
Aucuba japonica (Hartriegelgewächse)

Stecklinge von ausgereiften Trieben der buntlaubigen Sorten im Frühling stecken. Grüne Art auch durch Samen vermehrbar.

Bauhinie
Bauhinia acuminata (Schmetterlingsblütler)

Hartschalige Samen vor der Saat im Frühling aufrauhen. Kopfstecklinge bei 30 °C vermehrbar.

Elatior-Begonie
Begonia-Elatior-Hybriden (Begoniengewächse)

Ganzjährige Vermehrung der Sorten durch Blatt- und Triebstecklinge bei 20–25 °C möglich. Triebe sollten mindestens zwei Knoten besitzen.

Knollenbegonie
Begonia-Knollenbegonien-Hybriden (Begoniengewächse)

Begonienknollen im Herbst nach dem ersten Frost in trockenem Torf frostfrei lagern. Knollenteilung nach dem Antreiben im Vorfrühling möglich, wenn die Triebe zu sehen sind. Wunden mit Holzkohlenpuder bestäuben und abtrocknen lassen. Auch Aussaat der staubfeinen Samen im Vorfrühling möglich, dieses Geduldspiel überlasse man dem Gärtner.

Königsbegonie
Begonia-Rex-Hybriden (Begoniengewächse)

Diese und andere Blattbegonien kann man durch Blatt- und Blattstückstecklinge vermehren (siehe Abbildung auf Seite 55). Ausgereifte Blätter auf Substrat legen und Adern anschneiden. Auch nur 5 cm^2 große Blattstücke bilden bei 25 °C Wurzeln, wenn Stückchen mit größeren Adern gewählt wurden. Dort befinden sich die meisten erneuerbaren Zellen. Auch Aussaat ist möglich, dadurch entstehen neue Farbvarianten.

Spornbüchschen
Beloperone guttata (Akanthusgewächse)

Am besten wachsen Kopfstecklinge bei 20–25 °C unter Folie im Vorfrühling. Später sollte mehrmals gestutzt werden.

Die Engelstrompete (Brugmansia) *kann durch Kopfstecklinge vermehrt werden.*

Pantoffelblumen (Calceolaria-*Hybride) kann man durch Aussaat vermehren.*

Billbergie
Billbergia nutans (Ananasgewächse)

Diese anspruchslose Zimmerpflanze wird geteilt oder durch Abtrennen der Kindel vermehrt.

Bougainvillee
Bougainvillea spectabilis (Wunderblumengewächse)

Kopf- und Triebstecklinge von ausgereiften Trieben im Frühling bei mindestens 25 °C unter Folie bewurzeln lassen, Bewurzelungshormon verwenden.

Strahlenaralie
Brassaia actinophylla (Araliengewächse)

Diese auch als *Schefflera* bekannte Grünpflanze wird durch Kopfstecklinge und durch Importsamen bei mindestens 20 °C vermehrt.

Browallie
Browallia speciosa (Nachtschattengewächse)

Durch Kopfstecklinge im Vorfrühling vermehren, dann ab und zu stutzen. Samen im Frühling bei mindestens 18 °C keimen lassen.

Engelstrompete
Brugmansia-Hybriden, syn. *Datura* (Nachtschattengewächse)

Vor dem Einräumen im Herbst stark zurückschneiden. Von den frischen Austrieben im Vorfrühling Kopfstecklinge schneiden und bei 20 °C unter Glas bewurzeln lassen. Vorsicht, giftigen Pflanzensaft nicht in die Augen und an die Schleimhäute bringen!

Brunfelsie
Brunfelsia pauciflora (Nachtschattengewächse)

Kopf- und Triebstecklinge wachsen am besten bei 25 °C, Verwendung von Bewurzelungshormonen günstig.

Buntblatt
Caladium bicolor (Aronstabgewächse)

Bildet Knollen, die man bei sichtbarem Austrieb teilen kann. Auch Abtrennen der Brutknöllchen möglich.

Korbmarante
Calathea makoyana (Marantagewächse)

Teilung am besten im Vorfrühling (März/April) möglich.

Pantoffelblume
Calceolaria-Hybriden (Braunwurzgewächse)

Aussaat unter Glas im Sommer bei 18–20 °C. Die feinen Samen nicht mit Erde bedecken. Von der Balkonpantoffelblume (*Calceolaria integrifolia)* macht man Kopfstecklinge im Spätsommer; auch Aussaat von F_1-Hybridsorten ab Ende Januar unter Glas in nährstoffarmes Substrat.

Zylinderputzer
Callistemon citrinus (Myrtengewächse)

Kopfstecklinge im Hochsommer mit Holzansatz schneiden und bei 20–25 °C bewurzeln lassen. Frisches Saatgut (Handel) keimt am besten. Nach dem Austrieb stutzen.

Zierpaprika (Capsicum annuum)

Hammerstrauch (Cestrum elegans)

Kamelie
Camellia japonica (Teegewächse)

Kopf- und Triebstecklinge mit Bewurzelungshormon behandeln und bei 20 – 25 °C bewurzeln lassen.

Glockenblume
Campanula isophylla (Glockenblumengewächse)

Kopfstecklinge im Vorfrühling in sandiges Gemisch stecken, später ab und zu stutzen. Benötigt nur etwa 15 °C Bodentemperatur.

Indisches Blumenrohr
Canna indica (Blumenrohrgewächse)

Die trocken überwinterten Rhizomstöcke im Vorfrühling antreiben, teilen und in nährstoffreiche Erde eintopfen.

Kapernstrauch
Capparis spinosa (Kaperngewächse)

Vermehrung des Kapernstrauches durch Aussaat und Kopfstecklinge, jeweils unter Glas bei einer Temperatur von 25 °C.

Zierpaprika
Capsicum annuum (Nachtschattengewächse)

Aussaat der Samen ab März am besten bei 15 – 20 °C, ferner durch Kopfstecklinge.

Leuchterblume (Ceropegia woodii)

Kassie
Cassia didymobotrya (Schmetterlingsblütler)

Die hartschaligen Samen aufrauhen und im Vorfrühling säen. Nach dem Austrieb der überwinterten Pflanze Vermehrung auch durch Kopfstecklinge unter Folie bei 15 – 20 °C.

Madagaskar-Immergrün
Catharanthus roseus (Hundsgiftgewächse)

Vermehrung durch Samen im Februar, die bei 20 °C gehalten werden. Auch Kopfstecklinge möglich. Nach der Bewurzelung mehrmals stutzen.

Ausläufervermehrung von Grünlilien: Dazu Jungpflänzchen abtrennen **(1)** …

… und in einem Wasserglas bewurzeln lassen **(2).**

Leuchterblume
Ceropegia woodii (Seidenpflanzengewächse)

Diese hübsche Ampelpflanze mit den marmorierten Blättchen wird durch Kopfstecklinge vermehrt oder durch die Knöllchen (siehe Abbildung links), die man in Töpfe mit sandiger Erde legt. Nie zu feucht halten.

Hammerstrauch
Cestrum elegans (Nachtschattengewächse)

Meist rotblühende Kübelpflanze, die durch Kopfstecklinge im Frühling vermehrt wird.

Bergpalme
Chamaedorea elegans (Palmengewächse)

Am einfachsten durch Teilung im Frühling vermehren. Samen vor der Aussaat 24 Stunden in warmem Wasser quellen lassen.

Zwergpalme
Chamaerops humilis (Palmengewächse)

Samen bei etwa 30 °C keimen lassen. Auch Abtrennen der Seitentriebe möglich, die man sofort in größere Töpfe pflanzt.

Grünlilie
Chlorophytum comosum (Liliengewächse)

Meist ist die Ampelpflanze in der weiß gestreiften Sorte 'Variegatum' verbreitet. Die langen Ausläufer bilden regelmäßig Wurzeln. Einfach Ausläufer abtrennen und eintopfen.

Kanarische Margerite
Chrysanthemum frutescens (Korbblütler)

Vermehrung durch Kopfstecklinge, entweder vor dem Einräumen der Pflanzen im Herbst oder im Vorfrühling von den überwinterten Mutterpflanzen. Nach der Bewurzelung mehrmals stutzen.

Winteraster
Chrysanthemum-Indicum-Hybriden (Korbblütler)

Vermehrung im Frühling durch Teilung, Rißlinge oder Kopfstecklinge. Die meisten Sorten sind bedingt winterhart.

Klimme
Cissus antarctica (Weingewächse)

Vermehrung durch Kopf- und Triebstecklinge bei 25 °C. Ebenso vermehrt wird die Rautenblättrige Klimme, während *Cissus discolor* höhere Temperaturen verlangt.

Zistrose
Cistus albidus (Zistrosengewächse)

Vermehrung durch Kopfstecklinge im Vorfrühling, ebenso durch Samen. Mehrmaliges Stutzen ergibt buschigere Pflanzen.

Orange (Citrus sinensis) *mit Blüten und Früchten*

Kokosnuß (Cocos nucifera) *für das Zimmer*

Kokosnuß
Cocos nucifera (Palmengewächse)

Im Handel erhältliche Kokosnüsse zur Hälfte in feuchtes Substrat oder auch Wasser legen. Bei etwa 25 °C keimt die Pflanze nach etwa 4 Wochen. Bei genügender Entwicklung in Erde mit reichlichen Nährstoffen eintopfen.

Zwergorange
x *Citrofortunella mitis* (Rautengewächse)

Vermehrung durch Kopfstecklinge im Sommer, die sich bei 20 °C am besten bewurzeln.

Zitrone, Orange, Mandarine
Citrus (Rautengewächse)

Vermehrung dieser immergrünen Sträucher durch Samenkerne, aus denen allerdings meist Wildlinge entstehen. Diese müssen später veredelt werden. Ferner durch Kopfstecklinge (Abbildung siehe Seite 46) im späten Frühling oder durch Abmoosen.

Losbaum
Clerodendrum thomsoniae (Eisenkrautgewächse)

Vermehrung durch gut ausgereifte Kopfstecklinge, die später einmalig gestutzt werden. Vermehrungstemperatur zwischen 20 und 25 °C.

Riemenblatt
Clivia miniata (Amaryllisgewächse)

Einfache Vermehrung durch Abtrennen der Seitensprosse (Ableger), wenn sie Wurzeln gebildet haben und durch Teilung der zu großen Pflanzen im Frühling beim Umtopfen. Aussaat der frischen Samen (aus dem Handel oder von eigenen Pflanzen) im April möglich.

Wunderstrauch, Kroton
Codiaeum variegatum (Wolfsmilchgewächse)

Vermehrung durch ausgereifte Kopf- oder Triebstecklinge im Frühling bei hohen Bodentemperaturen (um 25 °C) unter Glas. Abbildung siehe Seite 77 links.

Kaffeestrauch
Coffea arabica (Krappgewächse)

Vermehrung des immergrünen Strauches durch Kopfstecklinge im Sommer oder durch Aussaat der frisch geernteten, ungerösteten Bohnen bei etwa 25 °C im Frühling. Jungpflanzen öfter stutzen.

Columnee
Columnea gloriosa (Gesneriengewächse)

Diese hübsche Ampelpflanze mit den orangefarbenen Blüten vermehrt man ganzjährig durch Kopf- und Triebstecklinge bei 20 – 25 °C.

Keulenlilie
Cordyline australis (Agavengewächse)

Vermehrung durch frisches Saatgut; besser durch Kopfstecklinge von Frühling bis Sommer bei 20 – 25 °C. Die Blattschöpfe sollten fünf bis sechs Blätter aufweisen. Bei älteren Pflanzen ist auch die Vermehrung durch Stammstecklinge möglich. Die Stämme sägt man in 15 – 20 cm lange Stücke und steckt diese in größere Töpfe mit Vermehrungssubstrat.

Wunderstrauch (Codiaeum variegatum)

Hakenlilie (Crinum x powellii)

Alpenveilchen (Cyclamen persicum)

Geldbaum
Crassula ovata (Dickblattgewächse)

Einfache Vermehrung durch Blatt- und Kopfstecklinge. Oft bilden sich schon Wurzeln an abgebrochenen Kurztrieben. Diese braucht man nur noch einzutopfen.

Sicheldickblatt
Crassula perfoliata var. *falcata* (Dickblattgewächse)

Vermehrung durch Kopf- und Blattstecklinge. Wunden längere Zeit abtrocknen lassen und sandiges Substrat zum Stecken verwenden.

Hakenlilie
Crinum x *powellii* (Amaryllisgewächse)

Pflanzen möglichst frostfrei überwintern. Im Vorfrühling Nebenzwiebeln abtrennen, Wunden abtrocknen lassen und mit Holzkohle bepudern. Dann Zwiebeln in größere Töpfe mit Pikiererde (siehe Seite 20) pflanzen. Auch Teilung im April bis Mai gut möglich, wenn umgetopft wird (Abbildung siehe Seite 41).

Crossandre
Crossandra infundibuliformis (Akanthusgewächse)

Vermehrung durch Kopfstecklinge im Mai bis Juni, die später gestutzt werden sollten. Auch Samen keimen gut. Besonders gute Bewurzelungsergebnisse erzielt man bei 20–25 °C Bodentemperatur.

Versteckblüte
Cryptanthus (Ananasgewächse)

Diese erdsternartigen Pflanzen vermehrt man durch Abtrennen der Kindel, wenn diese etwa halb so groß wie die Mutterpflanze sind.

Zimmerzypresse
Cupressus macrocarpa (Zypressengewächse)

Dieses Nadelgehölz ist nicht völlig winterhart. Man vermehrt es durch Kopfstecklinge mit einem Ansatz des alten Holzes bei 20–25 °C.

Palmfarn
Cycas revoluta (Palmfarngewächse)

Aussaat gelingt nur bei frisch eingeführtem Saatgut, welches umgehend bei 30–35 °C ausgesät werden soll und etwa nach 4–5 Wochen keimt. Pflanzen später wesentlich kühler halten.

Alpenveilchen
Cyclamen persicum (Primelgewächse)

Vermehrung durch Samen von Sommer bis Herbst, Samenkörner bis 5 mm stark übersieben, Gefäße bis zur Keimung dunkel bei etwa 20 °C halten. Keimlinge in Schalen oder einzeln in 7 cm große Töpfe pikieren. Weiterkultur bei Temperaturen zwischen 15 und 18 °C, bei Erscheinen der Blüte genügen sogar nur 15 °C, wenn der Flor lange halten soll.

Dipladenie (Dipladenia sanderi)

Drachenbaum (Dracaena draco) *auf den Kanaren*

Samen vom Drachenbaum (Dracaena draco)

Zypergras
Cyperus alternifolius (Riedgräser)

Feuchtigkeitsliebendes Gras, welches durch Teilung oder durch Kopf- und Schopfstecklinge (siehe Seite 49) vermehrt wird. Eingekürzte Blattschöpfe legt man 2–3 Wochen in eine wassergefüllte Schale. Nach Erscheinen der Wurzeln wird eingetopft.

Dieffenbachie
Dieffenbachia maculata (Aronstabgewächse)

Vermehrung durch Stamm- und Kopfstecklinge bei 20–25 °C. Dünnere Stammstecklinge legt man waagerecht in Schalen mit torfmoosreichem Substrat (Abbildung siehe Seite 51). Nach der Bewurzelung Stämme in Stücke schneiden, die mindestens einen Jungtrieb aufweisen sollten. Dickere Stämme topft man einzeln ein.
Vorsicht: Nur mit Handschuhen arbeiten! Giftpflanze!!!

Venusfliegenfalle
Dionaea muscipula (Sonnentaugewächse)

Im Frühjahr Aussaat der feinen Samen aus dem Handel auf saures Substrat (Torf). Auch Teilung und Blattstecklinge möglich.

Dipladenie
Dipladenia sanderi (Hundsgiftgewächse)

Ausgereifte Kopfstecklinge (fest, aber noch grün) im Frühsommer stecken, austretenden Milchsaft in lauwarmem Wasser stillen. Bewurzelungshormon (siehe Seite 21) verwenden.

Fingeraralie
Dizygotheca elegantissima (Araliengewächse)

Vermehrung dieser eleganten Blattpflanze mit langen Fiederblättern durch Kopfstecklinge bei 22 °C oder Aussaat von importiertem Saatgut bei mindestens 25 °C.

Drachenbaum
Dracaena draco (Agavengewächse)

Auffälliger Baum von den Kanarischen Inseln. Samen keimen unregelmäßig, die generative Vermehrung ist aber die einzige Möglichkeit!

Drazäne
Dracaena fragrans (Agavengewächse)

Vermehrung durch Kopf- oder Stammstecklinge (Abbildung siehe Seite 51) ganzjährig unter Glas möglich. Verholzte Stämme als Ti-Plants erhältlich. Alle einzeln in größere Töpfe einpflanzen.

Sonnentau
Drosera (Sonnentaugewächse)

Aussaat in kalkfreies Substrat (Weißtorf) im Frühling. Auch Blattstecklinge wurzeln gut an. Sie werden flach auf das Torfmoossubstrat gelegt. Hohe Luftfeuchtigkeit zur Bewurzelung erforderlich.

Echeverie
Echeveria derenbergii (Dickblattgewächse)

Vermehrung durch Seitensprossen (Ableger), Blattstecklinge und Samen möglich. Ausgereifte Blätter abtrennen, einige Tage abtrocknen lassen und einzeln auf sandreiches Substrat legen, bei 20 °C bewurzeln lassen.

Schattenröhre (Episcia reptans)

Wollmispel (Eriobotrya japonica)

Zierbanane
Ensete ventricosum, syn. *Musa* (Bananengewächse)

Vermehrung nur durch Aussaat, Samenschale aufrauhen und bei 25°C keimen lassen.

Efeutute
Epipremnum pinnatum (Aronstabgewächse)

Vermehrung gelingt leicht durch Kopf- und Triebstecklinge bei 20 °C.

Schattenröhre
Episcia reptans (Gesneriengewächse)

Vermehrung durch Kopfstecklinge und Abtrennen der Ausläufer. Braucht viel Wärme.

Topfheide
Erica gracilis (Heidekrautgewächse)

Im Spätherbst auffällige Pflanze der Balkone und Gräber. Vermehrung durch Triebstecklinge ab Februar bei 18 °C möglich in kalkfreiem Substrat. Die langwierige Kultur überlasse man Spezialbetrieben.

Wollmispel
Eriobotrya japonica (Rosengewächse)

In südlichen Regionen weitverbreiteter Obstbaum. Einfache Anzucht durch mitgebrachte frische Samen, die man einzeln in Töpfe steckt. Buschigerer Wuchs durch Stutzen. Kopfstecklinge bei 25 °C halten, sie wachsen aber schlecht an.

Korallenstrauch
Erythrina crista-galli (Schmetterlingsblütler)

Vermehrung dieser auffallenden Kübelpflanze mit den tiefroten Blüten durch Samen, hartschalige Körner vorher aufrauhen. 10–15 cm lange Kopfstecklinge im Frühling mit Ansatz des alten Holzes schneiden und bei 25 °C bewurzeln lassen.

Eukalyptus
Eucalyptus gunnii (Myrtengewächse)

Für Wintergärten geeigneter immergrüner Strauch mit silbrigen Blättern und cremeweißen Blüten. Vermehrung durch Kopfstecklinge langwierig, Bodentemperatur um 25 °C. Andere Arten durch frische Samen vermehrbar.

Spindelstrauch
Euonymus japonica (Baumwürgergewächse)

Vermehrung durch Kopfstecklinge von Frühling bis zum Herbst bei Temperaturen von 20–25 °C. Nach Austrieb öfter stutzen.

Korallenranke
Euphorbia fulgens (Wolfsmilchgewächse)

Kopfstecklinge bewurzeln im Frühling bei 25 °C unter Glas. Milchsaft gerinnt in warmem Wasserbad. Als Topfpflanze mit Hemmstoffen behandeln, sonst wichtige Schnittblume.

Weihnachtsstern (Euphorbia pulcherrima) *auf den Kanarischen Inseln*

Blaues Lieschen (Exacum affine) *wird durch Aussaat oder Kopfstecklinge vermehrt.*

Stecken der Kopfstecklinge vom Gummibaum (Ficus benjamina)

Christusdorn

Euphorbia milii (Wolfsmilchgewächse)

Vermehrung durch Kopfstecklinge im Frühling, Wunden in 35 °C warmes Wasser tauchen, dann antrocknen lassen und Stecklinge in sandreiches Substrat stecken. Triebe gelegentlich stutzen.

Weihnachtsstern, Poinsettie

Euphorbia pulcherrima (Wolfsmilchgewächse)

Die beliebte Poinsettie wird durch Kopfstecklinge im Juni und Juli vermehrt. Schnittwunden unter einer Kerzenflamme gerinnen lassen oder in lauwarmes Wasser tauchen. Bei hoher Luftfeuchtigkeit unter Folie bei 20 °C bewurzeln lassen, später stutzen.

Sukkulente Wolfsmilch

Euphorbia tetragona (Wolfsmilchgewächse)

Von dieser und ähnlichen Arten Seitensprosse abtrennen, ausbluten lassen, bis Milchsaft gerinnt, und erst nach einigen Tagen in sandreiches Substrat stecken. Auch Samenvermehrung bei einigen Arten möglich, Bodentemperatur bei 25 °C.

Blaues Lieschen

Exacum affine (Enziangewächse)

Vermehrung durch Aussaat des sehr feinen Samens im Februar unter Glas. Nach dem Auflaufen Sämlinge büschelweise in Töpfe setzen. Stecklingsvermehrung (Kopfstecklinge) im Frühling möglich, Temperatur um 20 °C.

Efeuaralie

x *Fatshedera lizei* (Araliengewächse)

Vermehrung dieser Hybride aus Efeu und Zimmeraralie nur durch Kopf- oder Triebstecklinge bei 20 – 25 °C. Wie bei Efeu (*Hedera helix*, siehe Seite 82), mehrere Stecklinge in größere Töpfe stecken und später stutzen.

Zimmeraralie

Fatsia japonica (Araliengewächse)

Anzucht aus frischem Saatgut bei 20 – 25 °C möglich. Größere Pflanzen moost man ab (Abmoosen), sonst wachsen Kopfstecklinge sehr gut.

Gummibaum

Ficus-Arten (Maulbeerbaumgewächse)

Immergrüne Arten werden durch Kopf- und Stammstecklinge sowie durch Abmoosen vermehrt. Manche Arten bilden auch Samen aus, dieser keimt nur in frischem Zustand. Bei *Ficus elastica* wird ein Stammstück mit nur einem Blatt gesteckt, das Blatt eingerollt. Die Bodentemperatur soll bei 25 – 30 °C liegen. Kopfstecklinge sind wüchsiger, bilden aber nur einen Trieb aus. Bei Bedarf stutzen.

Der Stammsteckling von Ficus *sollte nur ein Blatt haben, dieses wird eingerollt.*

Fuchsien (Fuchsia-*Hybride) sind beliebte Balkonpflanzen.*

Australische Silbereiche (Grevillea robusta): durch Aussaat vermehrbar.

Echte Feige
Ficus carica (Maulbeerbaumgewächse)

Die sommergrüne Echte Feige wird im Frühling aus Kopfstecklingen, Ausläufern und Ablegern gezogen. In wintermilden Gebieten ist sie ausreichend winterhart.

Fittonie
Fittonia verschaffeltii (Akanthusgewächse)

Dieser anspruchslose buntblättrige Bodendecker wird durch Kopfstecklinge bei 20 – 25 °C vermehrt. Auch Ausläufer wachsen gut.

Fuchsie
Fuchsia-Hybriden (Nachtkerzengewächse)

Die beliebten Balkonpflanzen (Abbildung siehe oben) vermehrt man durch Kopf- oder Triebstecklinge im Spätwinter oder Spätsommer. Triebe von überwinterten Pflanzen eignen sich gut als Stecklinge, wenn sie nicht zu weich sind. Späteres Stutzen notwendig. Als Vermehrungstemperatur reichen 15 – 20 °C aus.
Möchte man Fuchsienstämmchen ziehen, wird der stärkste Trieb gefördert, indem man die anderen Triebe mehrmals stark zurückschneidet. Der Haupttrieb wird an einem Stab befestigt und erst in der gewünschten Höhe angeschnitten. Dann beginnt sich hier die eigentliche Krone zu bilden. Die neuen Seitentriebe müssen aber immer wieder eingekürzt werden.

Gardenie
Gardenia jasminoides (Krappgewächse)

Vermehrung durch Kopfstecklinge im Vorfrühling und Spätsommer unter Folie bei 25 – 30 °C.

Gerbera
Gerbera-Hybriden (Korbblütler)

Einfachste Vermehrung dieser hübschen Blütenpflanze durch Teilung. Langwieriger ist die Aussaat, die man bei 25 °C im Herbst oder Februar vornimmt.

Graptopetalum bellum
syn. *Tacitus bellus* (Dickblattgewächse)

Von dieser hübschen Verwandten der Hauswurz bringt man einzelne Rosettenblätter (Blattstecklinge) zur Bewurzelung, auch Aussaat im Frühling möglich.

Australische Silbereiche
Grevillea robusta (Proteusgewächse)

Frische Samen im Februar bei 20 °C aussäen, vorher die Samenschale aufrauhen. Die Stecklingsanzucht ist langwierig.

Guzmanie
Guzmania-Hybriden (Ananasgewächse)

Wie bei anderen Bromelienarten trennt man auch hier die Kindel ab, wenn sie etwa halb so groß wie die Mutterrosette sind (Abbildung siehe Seite 73). Vor dem Eintopfen Wunden abtrocknen lassen.

Stecken der Triebstecklinge von Efeu (Hedera helix *'Goldherz')*

Elefantenohr
Haemanthus albiflos (Amaryllisgewächse)

Im April Brutzwiebeln oder Nebentriebe abtrennen und eintopfen. Wegen Fäulnisgefahr einige Wochen lang nicht angießen.

Haworthie
Haworthia fasciata (Liliengewächse)

Diese anspruchslose Sukkulente vermehrt man einfach durch Abtrennen der Seitentriebe (Kopfstecklinge) im Frühling. Wunden trocknen lassen.

Strauchveronika
Hebe-Andersonii-Hybriden (Braunwurzgewächse)

Die immergrünen Sträucher aus Neuseeland werden durch Kopfstecklinge von April bis Oktober vermehrt. Nach dem Austrieb öfter stutzen.

Efeu
Hedera helix (Araliengewächse)

Vermehrung durch Kopf- und Triebstecklinge, am besten im Spätsommer. Die langen Ranken teilt man in 10 – 15 cm lange Stücke und steckt sie in Multitopfplatten oder gleich vier bis fünf Stück in größere Töpfe. Dadurch erhält man kräftigere Pflanzen, Temperatur um 20 °C.

Ritterstern (Hippeastrum-*Hybride 'Fire Dance')*

Kranzblume
Hedychium gardnerianum (Ingwergewächse)

Prächtige Blütenpflanze des Hochsommers aus dem Himalaja. Man teilt die trocken überwinterten Erdsprosse (Rhizomteilung) im Vorfrühling, wenn man die Kübelpflanze umtopft.

Sonnenwende
Heliotropium arborescens (Boretschgewächse)

Vermehrung durch Kopfstecklinge von überwinterten Mutterpflanzen im Februar oder schon im Herbst vor dem Frost. Auch Aussaat ab März bei 20 – 25 °C möglich. Durch Stutzen erhält man buschigere Pflanzen.

Roseneibisch
Hibiscus rosa-sinensis (Malvengewächse)

Die Kopfstecklinge werden mit einem Bewurzelungshormon behandelt und bei 20 – 25 °C zur Bewurzelung gebracht. Nach dem Austrieb Triebspitze auskneifen.

Ritterstern
Hippeastrum-Hybriden (Amaryllisgewächse)

Brutzwiebeln im Frühling abtrennen und einzeln eintopfen, sie brauchen etwa 3 Jahre bis zur Blüte. Bei der Aussaat dauert es ebenso lange, bis die Pflanzen blühen. Vermehrungstemperatur bei 20 °C.

Wachsblume
Hoya carnosa (Seidenpflanzengewächse)

Vermehrung durch Trieb- oder Kopfstecklinge bei 20 – 25 °C unter Folie. Erde möglichst trocken halten. Andere Arten, wie z. B. *Hoya bella*, sind etwas empfindlicher, aber zierlicher und hübscher.

Hortensie
Hydrangea macrophylla (Steinbrechgewächse)

Vermehrung durch Kopfstecklinge im Vorfrühling unter Glas bei 18 °C oder im Sommer unter Folie. Nach dem Durchtrieb muß einmal gestutzt werden.

Fleißiges Lieschen
Impatiens walleriana (Balsaminengewächse)

Wärmebedürftige und schattenliebende Pflanze. Kopfstecklinge sind ganzjährig möglich, sie bewurzeln sich leicht auch im Wasserglas am Fensterbrett. Samenzucht ist ebenfalls möglich. Die feinen Samen werden von Februar bis April unter Glas ausgesät und nicht übersiebt. Bodentemperatur bei 20 °C. Dann in Multiplatten pikieren und nicht vor Ende Mai ins Freiland bringen.

Palisanderbaum
Jacaranda mimosifolia (Bignoniengewächse)

Aussaat im Frühling bei 25 °C von eingeführtem Saatgut problemlos. Man legt gleich mehrere Samen des Palisanderbaumes in einen Topf und zieht die zierlichen Pflanzen mehrstämmig.

Jasmin
Jasminum officinale (Ölbaumgewächse)

Vermehrung durch ausgereifte Kopf- oder Triebstecklinge im Vorsommer bei 20 °C. Triebe öfter stutzen.

Flaschenbaum
Jatropha podagrica (Wolfsmilchgewächse)

Sukkulente Pflanze mit flaschenförmigem Stamm aus Mittelamerika. Sie wird meist durch importierten Samen bei 22 °C vermehrt.

Flammendes Käthchen
Kalanchoë blossfeldiana (Dickblattgewächse)

Reichblühende sukkulente Pflanze aus Madagaskar, die durch Kopf- und Blattstecklinge sowie durch Samen bei 20 °C vermehrt wird. Viele andere *Kalanchoë*-Arten werden ebenso vermehrt.

Brutblatt
Kalanchoë daigremontiana und *Kalanchoë tubiflora* (Dickblattgewächse)

Beide Arten bringen am Blattrand junge Pflänzchen hervor, die zu Boden fallen und dort weiterwachsen. Bekannt als Goe-

Kopfstecklinge vom Fleißigen Lieschen (Impatiens walleriana) *wurzeln leicht im Wasserglas.*

Jasmin (Jasminum officinale)*: Diese duftende Pflanze läßt sich durch Stecklinge vermehren.*

Goethepflanze (Abbildung siehe Seite 40).

Kreppmyrte
Lagerstroemia indica (Weiderichgewächse)

Vermehrung durch ausgereifte Kopfstecklinge im August bei einer Temperatur um 20 °C. Aussaat ebenfalls möglich, falls Samen erhältlich.

Wandelröschen (Lantana-Camara-*Hybride)*

Medinille (Medinilla magnifica)

Wandelröschen
Lantana-Camara-Hybriden (Eisenkrautgewächse)

Kopfstecklinge von überwinterten Mutterpflanzen im Februar oder von nichtblühenden Trieben im Spätsommer. Bei 20 °C halten und öfter stutzen. Auch als Stämmchen kultivierbar. Aussaat nicht üblich, aber möglich. Vorher Fruchtfleisch entfernen.

Lorbeerbaum
Laurus nobilis (Lorbeergewächse)

Vermehrung der immergrünen Kübelpflanze durch Kopfstecklinge im Winterhalbjahr bei 18 – 20 °C. Jungpflanzen öfter stutzen.

Leptospermum
Leptospermum scoparium (Myrtengewächse)

Krautige Kopfstecklinge wachsen am besten im Frühling bei 25 – 30 °C unter Glas. Die reine Art ist auch gut durch Samen vermehrbar.

Hornklee
Lotus berthelotii (Schmetterlingsblütler)

Die hübsche Ampelpflanze von den Kanaren wird durch Triebstecklinge im Sommer bei 20 °C vermehrt.

Marante
Maranta leuconeura (Marantegewächse)

Am einfachsten ist die Teilung größerer Pflanzen, die von April bis Mai blühen. Ansonsten Vermehrung durch Kopfstecklinge bei 25 °C.

Medinille
Medinilla magnifica (Schwarzmundgewächse)

Vermehrung durch Kopfstecklinge im Februar unter Glas bei über 30 °C, wenn der Austrieb der Mutterpflanze beginnt. Auch Samenvermehrung möglich.

Kokospälmchen
Microcoelum weddelianum (Palmengewächse)

Samenkörner dieser beliebten Zimmerpalme sofort nach Erhalt mehrere Tage quellen lassen, dann sofort aussäen und bei 30 °C keimen lassen.

Mimose
Mimosa pudica (Schmetterlingsblütler)

Die Mimose ist durch ihre schnelle Reaktion auf Berührungen bekannt. Die Fiederblättchen klappen nach oben, die Strahlen der Blattspreite nach unten. Samen vor der Aussaat aufrauhen und bei 25 °C aussäen. Braucht hohe Luftfeuchtigkeit (viel sprühen!).

Fensterblatt
Monstera deliciosa (Aronstabgewächse)

Vermehrung dieser Pflanze mit großen Blättern durch Kopf- und Stammstecklinge, Abmoosen und durch importierte Samen. Stecklinge sollten schon Luftwurzeln gebil-

Brautmyrte (Myrtus communis)

Aasblume (Orbea variegata)

Oleander
Nerium oleander (Hundsgiftgewächse)

Leichte Anzucht durch ausgereifte Kopf- oder Triebstecklinge in Vermehrungssubstrat oder im Wasserglas bei 20 °C. Auch die Anzucht aus Samen ist möglich (Abbildung siehe Seite 6).

det haben, die mit in die Erde im Topf kommen. Temperatur um 25 °C.

Banane
Musa (Bananengewächse)

Viele fruchtende Sorten bilden Seitentriebe (Ableger), denn der Haupttrieb stirbt nach der Fruchtbildung ab. Diese Seitentriebe mit Wurzelansatz abtrennen und eintopfen. Importierte Samen vor der Aussaat aufrauhen, bei 25 °C zur Keimung bringen.

Myoporum acuminatum
(Myoporumgewächse)

Immergrüner Strauch aus Australien, der im Mittelmeergebiet häufig in Hotelanlagen gepflanzt wird. Vermehrung durch Kopfstecklinge im August oder Aussaat im Frühling bei 25 °C.

Brautmyrte
Myrtus communis (Myrtengewächse)

Vermehrung im Sommer durch Kopfstecklinge bei 20 °C. Weiche Spitze abkneifen, später öfters stutzen. Aussaat: Schwarze Beeren zerkleinern, die darin enthaltenen Samen auswaschen und unter Folie aussäen.

Kannenpflanze
Nepenthes-Hybriden (Kannenpflanzengewächse)

Vermehrung durch Aussaat in reinem Torf bei 25 – 30 °C oder durch Blattstecklinge in feuchtem Torfmoos. Hohe Luftfeuchtigkeit!

Korallenmoos
Nertera granadensis (Krappgewächse)

Diesen hübschen Bodendecker vermehrt man einfach durch Teilung.

Ziertabak
Nicotiana x *sanderae* (Nachtschattengewächse)

Bei Februaraussaat unter Glas erhält man schon im Mai blühfähige Pflanzen, die ab Juni auf die Terrasse gebracht werden können.

Ölbaum
Olea europaea (Ölbaumgewächse)

Vermehrung durch Kopfstecklinge im Sommer bei 30 °C oder durch Aussaat der frischen, vom Fruchtfleisch befreiten Olivenkerne. Öfteres Stutzen ergibt buschigere Pflanzen.

Aasblume
Orbea variegata, syn. *Stapelia* (Seidenpflanzengewächse)

Vermehrung durch Abtrennen der Seitentriebe. Vor dem Stecken Triebe mehrere Tage abtrocknen lassen. In sandigem Substrat bei 20 °C bewurzeln lassen.

Kapringelblume
Osteospermum ecklonis (Korbblütler)

Samenvermehrung ab Januar bei 25 °C unter Glas. Später pikieren und ab Ende Mai auf den Balkon bringen.

Madagaskarpalme
Pachypodium lamerei (Hundsgiftgewächse)

Vermehrung durch Aussaat von importiertem Saatgut bei 30 °C. Vorsicht, austretender Milchsaft ist giftig!

Gelbe Dickähre
Pachystachys lutea (Akanthusgewächse)

Von nichtblühenden Trieben Kopfstecklinge schneiden und bei 25 °C zur Bewurzelung bringen, später Triebe stutzen.

Passionsblume
Passiflora-Arten (Passionsblumengewächse)

Vermehrung dieser schönen Schlinger durch Kopf- oder Triebstecklinge bei über 25 °C unter Folie von Frühling bis Sommer.

Pelargonien
Pelargonium-Arten (Storchschnabelgewächse)

Von den vielen hübschen Arten, die oft duftende Blätter und kleine Blütchen haben, macht man am besten Kopfstecklinge im Sommer.

Hängegeranie
Pelargonium-Peltatum-Hybriden (Storchschnabelgewächse)

Vermehrung durch Kopfstecklinge im Spätsommer oder im Vorfrühling von überwinterten Mutterpflanzen bei 20 °C. Man steckt die Kopfstecklinge gleich in Töpfe oder in Jiffy-7. Später Austriebe stutzen.

Gürtelpelargonie
Pelargonium-Zonale-Hybriden (Storchschnabelgewächse)

Von den bekannten Geranien werden Kopfstecklinge im September oder im Vorfrühling von den jungen Trieben der überwinterten Mutterpflanzen gewonnen. Die Stecklinge sollen einige Stunden abwelken oder in Holzkohlenpuder getaucht werden. Man steckt sie einzeln in ein Torf-Sand-Gemisch. Bei trockener Wärme um 20 °C bilden sie bald Wurzeln. Austriebe zur Anregung von Verzweigungen stutzen. Diese Triebe kann man erneut stecken.
Neuerdings werden auch Samen angeboten. Aussaat im Januar in Multitopfplatten bei über 20 °C. Samenpelargonien werden meist höher als die vegetativ vermehrten Sorten. Ab Mitte Mai Pflanzen ins Freie bringen.

Aussaat von Avocado:
Den großen Kern aus der Frucht lösen und einen Tag im Wasser quellen lassen **(1)**

Bewurzelte Kopfstecklinge von Pelargonium

Pentas
Pentas lanceolata (Krappgewächse)

Vermehrung durch Kopfstecklinge im Vorfrühling, die bei 20 °C bald Wurzeln bilden. Mehrmaliges Stutzen erforderlich.

Kern gleich in einen Topf einpflanzen **(2)** *oder über einem mit Wasser gefüllten Glas zur Bewurzelung bringen* **(3)**, *Nur die Basis darf mit Wasser in Berührung kommen.*

Zwergpfeffer
Peperomia (Pfeffergewächse)

Die vielen hübschen Arten lassen sich durch Kopf- und Triebstecklinge, manche sogar durch Blattstecklinge *(Peperomia caperata* u. a.) bei 25 °C vermehren. Bei Hängepflanzen steckt man drei bis vier Stecklinge in einen Topf.

Avocadobirne
Persea americana (Lorbeergewächse)

Die großen Samenkerne der Avocado mit der Spitze nach oben zur Hälfte in einen mit Erde gefüllten Topf einpflanzen oder über einem mit Wasser gefüllten Glas mit drei Streichhölzern so befestigen, daß der Kern nicht mit dem Wasser in Berührung kommt (Abbildung siehe oben). Keimtemperatur um 25 °C. Nach der Wurzelbildung eintopfen.

Baumfreund
Philodendron (Aronstabgewächse)

Stark kletternde Arten *(Philodendron scandens)* vermehrt man durch Kopf- und Triebstecklinge bei 20 °C, die anderen durch Kopfstecklinge.
Auch die Vermehrung dieser beliebten Blattpflanzen durch Aussaat und durch Abmoosen (siehe dazu auf Seite 58) ist problemlos.

Kanarische Dattelpalme
Phoenix canariensis (Palmengewächse)

Vermehrung der Kanarischen Dattelpalme durch eingeführte Samen, die in Wasser eingeweicht werden müssen oder deren Schale aufgerauht wird. Samen einzeln in Töpfe stecken, sie keimen unregelmäßig, Temperatur um 22 °C.

Kanonierblume
Pilea cadierei (Nesselgewächse)

Hübsche, niedrige Blattpflanze, die am besten durch Kopfstecklinge bei 20 °C vermehrt wird. Viele andere *Pilea*-Arten wachsen problemlos.

Pinie
Pinus pinea (Kieferngewächse)

Nicht winterharte Kiefer mit großen Samen. Man gewinnt diese aus den großen Zapfen, die sich bei Wärme öffnen. Aussaat bei 20 °C im Frühling.

Eine Kanarische Dattelpalme hängt voller Früchte.

Klebsame **(Pittosporum tobira)**, *siehe Seite 88*

Klebsame
Pittosporum tobira (Klebsamengewächse)

Vermehrung im Hochsommer durch Kopfstecklinge bei 20 °C, durch Aussaat der schwarzen Samenkerne sofort nach der Reife.

Harfenstrauch
Plectranthus oertendahlii (Lippenblütler)

Diese und andere Arten wachsen gut aus Kopfstecklingen, sogar im Wasserglas bei üblicher Zimmertemperatur.

Bleiwurz
Plumbago auriculata (Bleiwurzgewächse)

Krautige Kopfstecklinge von nichtblühenden Trieben im Sommer bei etwa 20 °C.

Becherprimel
Primula obconica (Schlüsselblumengewächse)

Vermehrung ganzjährig durch Aussaat bei 20 °C. Bei der Aussaat im Juni blüht die Pflanze im kommenden Frühling.
Vorsicht: Pflanze enthält Primin, daher allergische Reaktionen der Haut möglich!

Granatapfel
Punica granatum (Granatapfelgewächse)

Die reifen Früchte enthalten eine Fülle von Samenkernen, die bei 25 °C gut keimen. Niedrige Sorten durch Kopfstecklinge vermehren, die öfter gestutzt werden sollten.

Granatapfel (Punica granatum)

Zimmerazalee
Rhododendron simsii (Heidekrautgewächse)

Übliche Vermehrung durch kräftige Kopfstecklinge im April und Mai unter Glas bei 20 – 22 °C. Kalkfreie Substrate verwenden und mit Regenwasser gießen. Spezialbetriebe veredeln einige Sorten durch Kopulation. Die dünnen Triebe werden dabei mit kleinen Plastikklammern fixiert (Abbildung siehe Seite 66). Späteres Stutzen ergibt buschige Pflanzen.

Zwergrose
Rosa chinensis (Rosengewächse)

Vermehrung durch Kopfstecklinge während der Vegetationszeit bei Temperaturen um 20 °C. Öfteres Stutzen ergibt viele Seitentriebe.

Rosmarin
Rosmarinus officinalis (Lippenblütler)

Vermehrung durch reife Stecklinge im Sommer bei 18 °C, Neutriebe öfter stutzen. Aussaat im Frühling ebenfalls möglich.

Usambaraveilchen
Saintpaulia ionantha (Gesneriengewächse)

Problemlose Vermehrung durch Blattstecklinge bei 25 °C. Aufwendiger ist die Samenanzucht.

Bogenhanf
Sansevieria trifasciata (Agavengewächse)

Bunte Sorten durch Teilung vermehren, die grünen Sorten auch durch Blattstecklinge. Achtung: Blattstecklinge von bunten Sorten ergeben nur die grüne Art! Vermehrungstemperatur um 20 °C.

Judenbart
Saxifraga stolonifera (Steinbrechgewächse)

Diese buntlaubige Pflanze (Abbildung siehe Seite 12) bildet lange Ausläufer mit Jungpflanzen am Ende. Diese brauchen nur einzeln getopft zu werden.

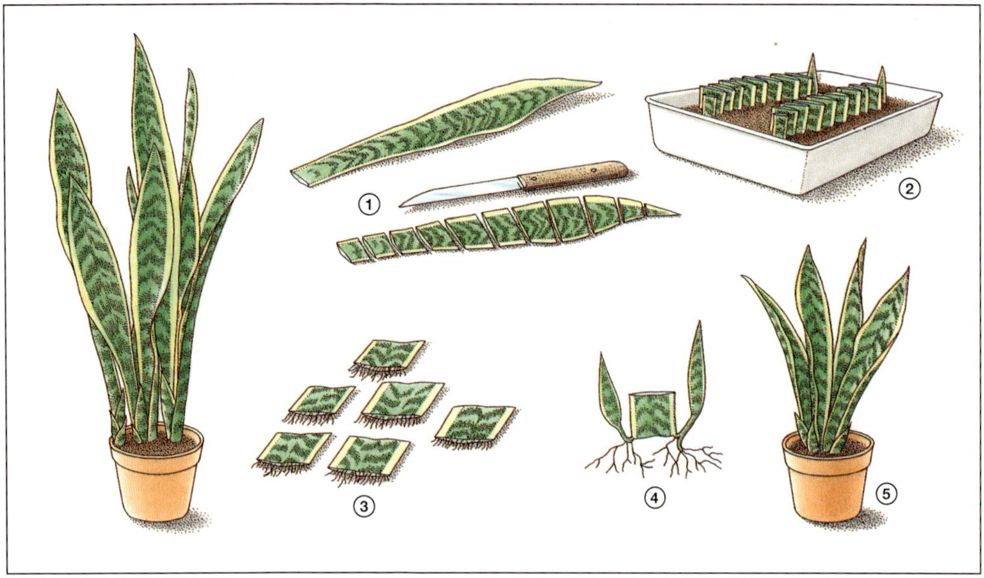

Blattstückstecklinge von Sansevieria: *Blatt abtrennen und in mehrere Stücke schneiden* **(1).** *Diese läßt man 1–2 Tage abtrocknen und steckt sie in eine Stecklingsschale* **(2).** *Nach einigen Wochen bilden sich Wurzeln* **(3)** *und Jungtriebe* **(4).** *Dann kann in kräftigere Erde eingetopft werden* **(5).** *Achtung: Bei gelbgestreiften Sorten erscheinen nur grüne Triebe!*

Strahlenaralie

Schefflera arboricola (Araliengewächse)

Übliche Vermehrung durch Kopf- oder Triebstecklinge, die sich bei 20–25 °C rasch bewurzeln. Vermehrung durch importiertes, frisches Saatgut, welches bei 22 °C keimt.

Ampelfetthenne

Sedum morganianum (Dickblattgewächse)

Diese und viele andere Arten lassen sich gut durch Kopf- und Blattstecklinge vermehren. Vor dem Stecken Wunden trocknen lassen.

Blattstecklinge von Sedum: **1.** *Trieb mit ausgereiften Blättern.*

2. *Einzelne Blättchen vorsichtig abnehmen, in Stecklingssubstrat legen oder stecken.*

3. *Nach einigen Wochen erscheinen die ersten jungen Blättchen.*

Aschenblume
Senecio-Cruentus-Hybriden (Korbblütler)

Die feinen Samen von Juni bis Oktober aussäen, aber Samen nicht abdecken. Vermehrungstemperatur um 20 °C.

Sommerefeu
Senecio mikanoides (Korbblütler)

Diese efeuartige Pflanze läßt sich gut aus Kopfstecklingen ganzjährig heranziehen. Weitere sukkulente *Senecio*-Arten wurzeln bereits an, wenn ihre kugeligen Blätter auf dem Boden aufliegen.

Gloxinie
Sinningia-Hybriden (Gesneriengewächse)

Die wichtigste Vermehrung ist die Aussaat bei 25–30 °C, wobei die winzigen Samen nicht übersiebt werden dürfen. Man nimmt die Aussaat unter Glas im Oktober vor, pikiert die Sämlinge später ein- bis zweimal. Auch die Teilung der Knollen wird gelegentlich praktiziert.

Korallenstrauch
Solanum pseudocapsicum (Nachtschattengewächse)

Übliche Vermehrung des Korallenstrauches mit den großen roten Beeren durch Aussaat im Februar unter Glas bei etwa 20 °C. Die Sämlinge pikieren und später stutzen.

Zimmerlinde
Sparmannia africana (Lindengewächse)

Harte Kopfstecklinge wachsen von Mai bis August am besten bei einer Temperatur um 20 °C. Zu weiche Stecklinge faulen rasch. Später öfter stutzen.

Einblatt
Spathiphyllum wallisii (Aronstabgewächse)

Einfachste Vermehrung durch Teilung beim Umtopfen im Vorfrühling. Auch die Aussaat bei 25 °C wird angewandt.

Jakobslilie
Sprekelia formosissima (Amaryllisgewächse)

Auffällige rotblühende Zwiebelpflanze aus Mexiko. Vermehrung durch Brutzwiebeln oder Samen im Frühling.

Kranzschlinge
Stephanotis floribunda (Seidenpflanzengewächse)

Von dieser Kletterpflanze nimmt man Teilstücke mit einem Blattpaar und steckt sie in Vermehrungssubstrat. Vorher mit Bewurzelungshormon behandeln. Temperatur um 25 °C.

Aschenblume (Senecio-Cruentus-*Hybride)*

Gloxinie (Sinningia-*Hybride)*

Blattstückstecklinge von Streptocarpus: *Ausgereiftes Blatt abtrennen* **(1)** *und die Mittelrippe entfernen* **(2)**. *Blatthälften ein- oder mehrmals teilen* **(3)** *und die Stücke in Substrat stecken oder einlegen* **(4)**. *Nach einigen Wochen bilden sich Wurzeln und junge Blättchen* **(5)**. *Die Jungpflanze wird pikiert* **(6)**. *Bald bildet die fertig eingetopfte Jungpflanze die typischen langen Blätter* **(7)**.

Drehfrucht

Streptocarpus-Hybriden (Gesneriengewächse)

Vermehrung dieser Blütenpflanze mit orchideenartigen Blüten an langen Stielen durch Blattstecklinge. Die großen Blätter teilt man der Länge nach und entfernt die Mittelrippe. Dann werden die Blätter der Länge nach gesteckt. Sie bewurzeln sich bald bei 20 °C. Auch Samenvermehrung bei 25 °C üblich. Feine Samen nicht abdecken.

Kastanienwein

Tetrastigma voinierianum (Weingewächse)

Der Schlinger mit den großen, kastanienartigen Blättern wird durch Triebstecklinge vermehrt, die wenigstens ein Auge haben müssen. Bei 25 °C bewurzelt sich der Steckling unter Glas innerhalb einer Zeitspanne von 3–4 Wochen.

Schwarzäugige Susanne (Thunbergia alata)

Brutknospen an den Blättern der Henne und Küken (Tolmiea menziesii)

Schwarzäugige Susanne
Thunbergia alata (Akanthusgewächse)

Prächtiger Schlinger (Abbildung siehe Seite 91), der durch Aussaat im Februar/März bei 20 °C vermehrt wird. Man legt mehrere Samenkörner in einen Topf.

Tibouchine
Tibouchina urvilleana (Schwarzmundgewächse)

Die Kübelpflanze mit den prächtigen blauen Blüten vermehrt man durch nicht zu weiche Trieb- und Kopfstecklinge bei 25–30 °C.

Luftnelke
Tillandsia-Arten (Ananasgewächse)

Üblich ist das Abnehmen der Kindel, wenn diese etwa halb so groß wie die Mutterpflanze sind.
Aussaat nach speziellen Verfahren möglich, etwa auf rauhem Stoffgewebe, welches man über einen Holzrahmen spannt. Diesen legt man über eine wassergefüllte Schale, dadurch wird für die notwendige Luftfeuchtigkeit gesorgt. Nach dem Keimen wird auf Rindensubstrat pikiert.

Henne und Küken
Tolmiea menziesii (Steinbrechgewächse)

An den Blättern erscheinen laufend Brutknospen. Man trennt solche Blätter ab und legt sie auf Schalen mit Vermehrungssubstrat.

Hanfpalme
Trachycarpus fortunei (Palmengewächse)

Die Hanfpalme bildet keine Seitentriebe, ist daher nicht vegetativ vermehrbar. Einzige Möglichkeit bietet die Aussaat von frischem Saatgut, welches bei 25 °C keimt.

Dreimasterblume
Tradescantia albiflora (Commelinengewächse)

Diese und viele weitere *Tradescantia*-Arten werden durch Kopfstecklinge ganzjährig ohne Probleme vermehrt.

Flammendes Schwert
Vriesea splendens (Ananasgewächse)

Vermehrung durch Samen sofort nach der Reife bei 25 °C. Viele andere Arten vermehrt man durch Abtrennen der Kindel.

Palmlilie
Yucca elephantipes (Agavengewächse)

Zu lang geratene, blattlose Stämme werden in 20–25 cm lange Stücke gesägt und nach 2 Wochen eingetopft, im Handel als Ti-Plant bezeichnet. Auf Polarität achten (Ti-Plants sind oben versiegelt!), sonst erfolgt keine Wurzelbildung. Kopfstecklinge bilden ebenfalls nach 1–2 Monaten Wurzeln bei 20 °C Wärme.

Zimmerkalla
Zantedeschia aethiopica (Aronstabgewächse)

Im Frühling werden die zu groß geratenen Pflanzen geteilt und in frische, nährstoffreiche Erde gepflanzt.

Kakteen

Viele Pflanzenfreunde haben die stacheligen Gesellen besonders ins Herz geschlossen und eine große Sammlung zusammengetragen. Das kann verschiedene Gründe haben:
Kakteen sind sehr anspruchslos in der Pflege, brauchen relativ wenig Platz und bringen prächtige Blüten hervor.
Der Umgang mit Kakteen beruhigt die Nerven, denn jede Hektik wird sofort bestraft. Man ist gezwungen, bedächtig zu arbeiten, wenn man nicht ständig gestochen werden möchte.
Kakteen gehören zu den Sukkulenten, darunter versteht man Gewächse, die in ihren Blättern und Sprossen Wasser speichern können.
Kakteen kommen ursprünglich ausschließlich in Amerika vor, haben sich dort an verschiedene Lebensbereiche angepaßt. Man findet sie in Steppen, Wüsten, Halbwüsten und trockenen Savannen.
Nach der Entdeckung Amerikas vor 500 Jahren sind Kakteen in der ganzen Welt verbreitet worden, wo sie die ihnen zusagenden Standorte besiedelten. Häufig bedrängen sie die vorhandene Vegetation, denn die große Gruppe der „Anderen Sukkulenten" liebt ähnliche Plätze wie die echten Kakteen. Auf den ersten Blick kann man sogar beide miteinander verwechseln, denn der Habitus von Wolfsmilcharten *(Euphorbia)* kann oft mit dem der Kugel- und Säulenkakteen völlig identisch sein. Man spricht dabei von Konvergenz.
Die meisten Kakteen haben auf Blätter völlig verzichtet, oft sind diese in Dornen umgewandelt worden. Dies dient vor allem dem Schutz vor zu starker Verdunstung. Die Assimilation findet in den Sprossen statt.

Vermehrung:

Die Vermehrung der Kakteen ist generativ und vegetativ möglich.

Anzucht aus Samen: Aussaat

Besonders viel Freude macht die Anzucht aus Samen. Sie unterscheidet sich in einigen Punkten von der Anzucht normaler Zierpflanzen. Das Substrat muß noch durchlässiger sein, ihm wird also noch mehr Sand beigemischt. Die oberste Schicht sollte aus reinem Quarzsand bestehen. Die feinen Samen werden meist gar nicht abgedeckt, sondern nur leicht angedrückt. Mit Wassergaben sollte man stets sehr sparsam umgehen. Das übliche Angießen von oben entfällt, dafür stellt man die Aussaatgefäße in eine mit Wasser gefüllte, flache Schale. Das Wasser steigt in den feinen Haarröhrchen, den Kapillaren, auf, die Samen werden daher nicht abgeschwemmt. Wird die oberste Schicht an einigen Stellen dunkler, holt man die Gefäße wieder aus dem Wasserbad.
Die Aussaatschalen deckt man bis zum Auflaufen der Samen mit einer Glasplatte ab, weil zur Keimung eine hohe Luftfeuchtigkeit notwendig ist. Die günstigste Tagestemperatur soll bei 25 °C liegen, eine Absenkung der Temperatur bei Nacht führt zu besseren Keimergebnissen. Gelegentlich wiederholt man das Wasserbad, denn die

Sämlinge von Kakteen

Samen dürfen im Keimstadium nicht austrocknen. Die Aussaatgefäße kommen an den hellsten Platz im Zimmer, müssen aber vor direkter Sonne durch Zeitungspapier geschützt werden.
Wenn die ersten Keimlinge zu sehen sind, wird unter die Glasplatte ein Hölzchen geschoben. Meist sind es grüne oder rosafarbene, stecknadelkopfgroße Gebilde, die noch keine Keimblätter erkennen lassen. Nach einigen Tagen entwickelt sich aus der Mitte der spätere Pflanzenkörper mit den charakteristischen Dornen.
Immer wieder muß kontrolliert werden, damit sich keine Schadpilze ausbreiten können. Die Luftzufuhr wird durch Anheben der Glasplatte erhöht, nach einiger Zeit kann die Glasplatte völlig entfernt werden. Zusehends entwickeln sich die jungen Kakteen, die beiden Keimblätter fallen bald ab. Nun kann pikiert werden, entweder in Schalen oder gleich in kleine Töpfe mit Kakteensubstrat.
Mit dem Angießen braucht man sich bei Kakteen nicht zu beeilen, sie halten es schon 2 oder 3 Tage ohne Wasser aus.

Ableger

Wesentlich einfacher ist die vegetative Vermehrung der Kakteen. Viele Arten bilden Ableger, die oft schon an der Mutterpflanze Wurzeln bilden *(Echinopsis, Mammillaria)*. Nach dem Abtrennen bleiben sie einige Tage liegen, bevor man sie in Töpfe pflanzt. Auf diese Weise kann die Wunde abtrocknen und verheilen.
Bei gliederbildenden Arten, wie z. B. *Opuntia* (siehe Abbildung Seite 96) und *Schlumbergera*, trennt man ausgereifte Glieder mit dem Messer oder der Schere ab und legt sie einfach auf das Vermehrungssubstrat. So kann die Wunde gut abtrocknen. Nach einiger Zeit erscheinen die ersten Würzelchen. Das Angießen kann man sich meist sparen, es ist sogar besser, denn auf diese Weise werden keine Pilzkrankheiten übertragen. Auch nach dem Pikieren oder Umpflanzen von Kakteen sollte man immer erst nach 2 – 3 Tagen vorsichtig angießen.

Weihnachts- und Osterkakteen vermehrt man durch Abtrennen von Blattgliedern. Nach dem Abtrocknen wird in humose Erde gepflanzt.

Kopfstecklinge

Echte Kopfstecklinge macht man gelegentlich bei größeren Säulenkakteen. Der Steckling wird dabei an der Wunde konisch zugeschnitten und mehrere Wochen senkrecht gelagert, bis die Wunden abgetrocknet sind. Dann erst darf gesteckt werden. Die eingekürzte Mutterpflanze ist ebenfalls vor Krankheiten zu schützen; man pudert die Wunden mit Holzkohlenstaub ein. Nach einiger Zeit treibt sie Seitentriebe aus.

Pfropfung

Manche Kakteen werden gepfropft. Dies geschieht meist deshalb, weil das Edelreis, bei Kakteen spricht man von Pfröpfling, kein Chlorophyll enthält. Das beste Beispiel dafür ist der bekannte rote Erdbeerkaktus (*Gymnocalycium mihanovichii* var. *friedrichii* f. *rubra*). Er muß auf eine Unterlage (z. B. auf *Trichocereus*, einen Säulenkaktus) veredelt werden, denn alleine ist er nicht lebensfähig.

Wie bei allen anderen Veredlungen müssen auch hier die Wachstumszonen von Unterlage und Pfröpfling zusammenpassen.
Bei den Kakteen sind es die Leitbündelringe, die man deutlich erkennen kann. Sie müssen stets aufeinanderliegen, weil hier die teilungsfähigen Zellen vorhanden sind. Bei unterschiedlicher Größe der Pflanzenteile reicht es auch schon aus, wenn die Leitbündelringe sich teilweise überschneiden.
Die Veredlungen werden in den warmen Monaten durchgeführt, so daß die Wunden rasch abtrocknen können. Bei der Unterlage wird die Spitze mit einem scharfen Messer durch einen waagrechten Schnitt entfernt. Der Pfröpfling wird unten angeschnitten, so daß die Schnittflächen etwa gleich groß sind. Die beiden Teile setzt man nun aufeinander und fixiert den Pfröpfling auf der Unterlage mit mindestens zwei Gummiringen. An einem hellen Platz bei mindestens 20 °C erfolgt die Verwachsung in einigen Tagen. Wenn neues Wachstum zu erkennen ist, ist die Veredlung gelungen, und man kann die Halterungen vorsichtig entfernen.

Der rote Erdbeerkaktus (Gymnocalycium mihanovichii *var.* friedrichii *f.* rubra) *wird auf einen Säulenkaktus veredelt.*

Der Weihnachtskaktus (Schlumbergera-*Hybride) wird auf eine* Pereskiopsis *veredelt.*

Möchte man Blattkakteen auf Stämmchen ziehen, so wendet man die Spaltpfropfung an. In die Unterlage, z. B. eine *Pereskiopsis,* wird ein Spalt von 2 – 3 cm Tiefe geschnitten und darauf ein Gliedstück eines Weihnachtskaktus *(Schlumbergera)* eingepaßt. Bei diesem Edelreis hat man auf beiden Seiten die Oberhaut mit einer Rasierklinge abgeschabt, natürlich in derselben Länge wie die Schnittlängen bei der Unterlage. Mit einem Kakteendorn werden nun beide Teile fixiert.

Wichtige Kakteen

Greisenhaupt

Cephalocereus senilis

Säulenkaktus mit vielen Haaren, der meist durch Samen (Anzucht siehe Seite 93) vermehrt wird.

Felsenkaktus

Cereus peruvianus 'Monstrosus'

Unregelmäßig wachsender Säulenkaktus, der durch Kopfstecklinge (siehe Seite 94) weitervermehrt wird.

Goldkugelkaktus
Echinocactus grusonii

Die Vermehrung dieser bekannten Kugelform erfolgt durch Aussaat (siehe Seite 93) bei höheren Temperaturen.

Igelsäulenkaktus
Echinocereus fitchii

Eine prächtige, kurzsäulige Art mit großen, karminroten Blüten, die durch Seitentriebe (siehe Seite 94) und Aussaat vermehrt wird.

Spinnenkaktus
Gymnocalycium

Kugelige Kakteen mit wenig Dornen, aber großen Blüten. Sie vermehrt man durch Ableger (siehe Seite 94) oder Aussaat (siehe Seite 93). Der rote Erdbeerkaktus *Gymnocalycium mihanovichii* var. *friedrichii* f.*rubra* wird auf *Trichocereus* veredelt, ebenso gelbe und braune Formen.

Blattkaktus
Nopalxochia-Hybriden, syn. *Phyllocactus*

Diese prächtigen Kakteen vermehrt man durch Abtrennen der ausgewachsenen Blattglieder. Sind diese zu lang, trennt man sie in etwa 15 cm lange Stücke und schneidet das untere Ende keilförmig zu. Nach dem Schnitt 2 Tage abtrocknen lassen und in sandig-humose Erde stecken.

Ausgereifte Blattglieder von Opuntien trennt man vorsichtig ab, läßt sie mehrere Tage abtrocknen und pflanzt sie dann ein.

Feigenkaktus
Opuntia

Umfangreiche Gattung, die blattartige Glieder bildet, die mit großen Dornen, aber auch kleinen Widerhaken versehen sind.
Einfache Vermehrung durch Abtrennen der Blattglieder, die erst einige Tage nach dem Abtrocknen der Wunden gesteckt werden. In den großen fleischigen Früchten sind linsenförmige Samen enthalten, die rasch keimen.

Oben: Blattkaktus (Nopalxochia-*Hybride)*

Rebutie
Rebutia minuscula

Diese kleinkugelige Art bildet viele orangefarbene Blüten. Vermehrung durch Seitensprosse oder Aussaat (siehe Seite 93).

Vermehrung von Blattkakteen (Nopalxochia)*: Abtrennen von Blattstücken, die an der Basis keilförmig zugeschnitten werden. Stecklinge mehrere Tag abtrocknen lassen und dann stecken.*

Weihnachtskaktus
Schlumbergera-Hybriden

Blattkaktus mit stark gezähnten Gliedern. Vermehrung durch Abtrennen ausgereifter Blattglieder im Frühling (siehe Abbildung Seite 94).

Königin der Nacht
Selenicereus grandiflorus

Kletternder Kaktus, der viel Platz benötigt und im Sommer riesige Blüten hervorbringt, die erst am späten Abend erblühen. Die Pracht ist am Morgen schon vorbei. Vermehrung durch Seitentriebe, die 20 – 30 cm lang sein sollten.

Zimmer- und Freilandfarne

Farne gehören zu den blütenlosen Pflanzen. Vor vielen Millionen Jahren waren sie bei uns weit verbreitet und bildeten sogar ganze Wälder. Sie vermehren sich generativ durch winzig kleine Sporen, die meist an der Unterseite der Blattwedel gebildet werden.
Viele Arten kommen in den tropischen Gebieten der Erde vor, sie sind nicht winterhart. Viele andere Arten können dagegen im Schattengarten prächtige Exemplare ausbilden.

Vermehrung:
Eine einfache Vermehrung der Farne erfolgt durch Teilung älterer Exemplare oder durch Abtrennen der Ausläufer (Schwertfarn). Diese Arten teilt man im Frühling mit Spaten oder Messer und pflanzt sie an den vorgesehenen Standort im Garten oder topft sie ein.
Einige Arten bilden Brutknospen an den Wedeln (Schildfarn). Ausgebildete Blätter trennt man im Vorfrühling ab und legt sie auf eine vorbereitete Schale. Bei gleichmäßiger Feuchtigkeit und Wärme unter Glas treiben die Knospen bald aus und bilden Wurzeln. Nach einigen Monaten wird nun das Blatt geteilt und die jungen Pflanzen in humosem Substrat weiterkultiviert.

Sporenanzucht

Langwieriger ist die Anzucht durch Sporen. Man benötigt dazu ein steriles, saures und vor allem feuchtes Substrat. Am besten eignet sich dafür brockiger Torf, z. B. Finntorf oder Weißtorf. Dieser wird in kochendem Wasser keimfrei gemacht.
Dann bringt man den Torf in flache, wassergefüllte Schalen und legt sporentragende Farnwedel darauf. Reife Sporenträger erkennt man, wenn die Sporenhäufchen auf der Wedelunterseite hellbraun werden. Die Sporen fallen aus und keimen auf der Unterlage.

Bei den Farnen werden Sporen auf der Blattunterseite gebildet.

Vorkeime vom Farn: oft dauert es eine Zeit, bis sich daraus Farne entwickeln.

Die Anzucht von Farnen ist eine langwierige Sache. Sie benötigen viel Feuchtigkeit.

Zuerst bilden sich herzförmige Vorkeime (Prothallien). Auf diesen befinden sich männliche und weibliche Fortpflanzungsorgane. Die männlichen Organe produzieren Spermatozoide, die zu den weiblichen Eizellen gelangen müssen. Als Transportmittel ist Wasser notwendig. Ein kleiner Wassertropfen reicht dafür aus, um die Befruchtung zu ermöglichen. Jetzt versteht man auch, weshalb die Farne meist an feuchten Standorten vorkommen.
Aus den befruchteten Eizellen entwickeln sich dann die eigentlichen Farnpflanzen, der Vorkeim stirbt ab.
Die Farnaussaaten müssen immer wieder mit abgekochtem Wasser übersprüht werden. Um die Bildung von Moosen und Algen zu unterdrücken, ist größte Sauberkeit erforderlich.
Erfahrene Farnspezialisten bringen die Schalen im Keller in ein leeres Aquarium, decken dies mit Glas ab und sorgen für die notwendige Wärme (18–20 °C) und Beleuchtung. Eine Leuchtstoffröhre leistet dafür gute Dienste. Für die Sporenanzucht benötigt man viel Geduld, es dauert oft viele Monate, bis sich aus den Vorkeimen (Abbildung siehe Seite 97) die eigentlichen Farne entwickeln.
Wenn die Vorkeime einen grünen Rasen bilden, kann schon pikiert werden. Man nimmt dazu mehrere Vorkeime als Tuff zusammen und bringt sie in torfhaltiges, steriles Substrat. Dieses muß natürlich stets feucht gehalten werden. Wenn sich die ersten typischen Farnwedel entwickeln, muß erneut pikiert werden.

Wichtige Zimmerfarne

Frauenhaarfarn
Adiantum raddianum (Frauenhaarfarngewächse)

Ergiebig ist die Teilung von Mutterpflanzen im Frühling.

Nestfarn
Asplenium nidus (Streifenfarngewächse)

Vermehrung durch Sporen (siehe Seite 97).

Rippenfarn
Blechnum gibbum (Rippenfarngewächse)

Vermehrung durch Sporen (siehe Seite 97).

Sichelfarn
Cyrtomium falcatum (Schildfarngewächse)

Vermehrung durch Teilung älterer Pflanzen oder Sporenaussaat (siehe Seite 97).

Davallie
Davallia canariensis (Davalliengewächse)

Diesen epiphytischen Farn kann man durch Teilung der hasenpfotenartigen Rhizome unter Folie vermehren.

Schwertfarn
Nephrolepis exaltata (Schwertfarngewächse)
Üblich ist die Teilung und das Abtrennen der Ausläufer, außerdem durch Sporen (siehe Seite 97).

Geweihfarn
Platycerium bifurcatum
(Tüpfelfarngewächse)

Vermehrung durch Sporen (siehe Seite 97) oder das Abtrennen der Jungpflanzen.

Wichtige Freilandfarne

Pfauenradfarn
Adiantum pedatum (Frauenhaarfarngewächse)

Vermehrung durch Teilung und Sporen (siehe Seite 97).

Wald-Frauenfarn
Athyrium filix-femina (Frauenfarngewächse)

Vermehrung durch Teilung und Sporen (siehe Seite 97).

Rippenfarn
Blechnum spicant (Rippenfarngewächse)

Vermehrung dieses bei uns heimischen Farns durch Teilung und Sporen (siehe Seite 97).

Wurmfarn
Dryopteris filix-mas (Schildfarngewächse)

Vermehrung von Wurmfarn, der aucch bei uns vorkommt, durch Teilung und Sporen (siehe Seite 97), die im Juli reifen.

Trichterfarn
Matteuccia struthiopteris (Perlfarngewächse)

Vermehrung durch Abtrennen der Ausläufer und Sporen (siehe Seite 97), die an besonderen Sporenblättern (siehe Abbildung rechts) im Winter reifen.

Königsfarn
Osmunda regalis (Königsfarngewächse)

Vermehrung durch Sporen (siehe Seite 97), die am Ende der langen Wedel gebildet werden.

Geweihfarn (Platycerium bifurcatum)

Der Trichterfarn (Matteuccia struthiopteris) *bildet keine Sporen auf der Blattunterseite, sondern legt zur Sporenbildung extra Blätter an (dunkelbraune Sporenblätter in Bildmitte).*

Hirschzunge
Phyllitis scolopendrium (Streifenfarngewächse)

Vermehrung durch Teilung und Sporen (siehe Seite 97) möglich.

Tüpfelfarn
Polypodium vulgare (Tüpfelfarngewächse)

Vermehrung des Tüpfelfarns durch Abtrennen der langen Ausläufer und durch Sporen (siehe Seite 97).

Lanzenfarn
Polystichum lonchitis (Schildfarngewächse)

Vermehrung durch Sporen (siehe Seite 97), die von Juli bis September reifen.

Weicher Schildfarn
Polystichum setiferum (Schildfarngewächse)

Vermehrung durch Sporen (siehe Seite 97). Die Sorte 'Proliferum' bildet an den Wedeln Brutknospen (siehe Seite 97).

Orchideen

Viele Pflanzenfreunde begeistern sich an der Vielfalt der Formen und Farben dieser Familie. Die meisten der über 20 000 Orchideenarten stammen aus tropischen Regionen. Dort wachsen sie vorwiegend auf hohen Bäumen als Aufsitzerpflanzen (Epiphyten). Sie leben meist von Humus, der sich in Astgabeln angesammelt hat. Die häufigen Niederschläge der Tropen werden von den durchlässigen Humusstoffen nur wenig genutzt, das meiste Wasser tropft gleich wieder ab. Die Orchideenwurzeln sind aber in der Lage, Regenwasser in sehr kurzer Zeit aufzunehmen und zu speichern. Außerdem herrscht dort stets eine hohe Luftfeuchtigkeit.

All diese Erkenntnisse sind für den Orchideenliebhaber für die Kultur und Vermehrung wichtig. Sie benötigen auch im Zimmer mehrere Male am Tage eine Brause aus Regenwasser. Die hohe Luftfeuchtigkeit erzielt man durch eine große, wassergefüllte Schale am Boden oder durch ein Verdampfungsgerät. Das Substrat soll grobkörnig und durchlässig sein. Farnwurzeln, Borke und Torfmoos, aber auch synthetische Stoffe, wie z. B Styroporchips, sind dafür am besten geeignet.

Orchideen brauchen lockeres, luftdurchlässiges Substrat. Daher sollten Styroporchips, Torfmoos und Ziegelbrocken unter die Erde gemischt werden.

Orchideen mit Bulben kann man durch Abtrennen derselben vermehren.

Vermehrung:
Die vegetative Vermehrung ist für den Pflanzenliebhaber am einfachsten. Dazu zählen die Teilung und die Vermehrung durch Kopfstecklinge und Ableger. Zunächst ist es wichtig zu wissen, daß Orchideen unterschiedliche Wuchsformen ausbilden.

Monopodial wachsende Arten, wie z. B. die *Vanda*, bilden einen senkrecht wachsenden beblätterten Haupttrieb, an dem sich im Alter seitliche Triebe und Luftwurzeln entwickeln. Die Gipfeltriebe kann man abtrennen, wenn sich daran Luftwurzeln gebildet haben. Diese Stecklinge bindet man dann an einem Stück Borke fest oder topft sie in spezielles Orchideensubstrat ein.

Sympodial wachsende Arten bilden am Grund seitliche Ausläufer, an denen sich senkrechte Sprosse mit sogenannten Pseudobulben entwickeln. Dazu zählen so bekannte Arten wie die *Cattleya*. Jedes Jahr wird eine neue Bulbe angelegt, die Blätter und Wurzeln bildet. Diese kann man bei genügender Entwicklung abtrennen und eintopfen.

Ferner gibt es noch Arten, die Rosetten bil-

den, dazu zählt der Venusschuh *(Paphiopedilum)*. Hier bringt die Teilung die besten Erfolge.
Einige Arten, wie z. B. *Phalaenopsis*, entwickeln an abgeblühten Stengeln junge Pflanzen. Bei genügender Entwicklung der Blätter und Luftwurzeln trennt man diese ab und topft sie ein.

Meristemvermehrung

Nur für Profis mit einer speziellen Laboreinrichtung ist die Meristemvermehrung geeignet.
Dies ist eine besondere Art der vegetativen Vermehrung, die man zuerst bei Orchideen anwandte. Dabei werden den Vegetationsspitzen einige Zellen mit teilungsfähigem Gewebe entnommen, diese kommen in ein Reagenzglas mit Agar-Agar und werden in einem Rotor zur Rotation gebracht. Bei optimalen Temperaturen, Lichtverhältnissen und Feuchtigkeit teilen sich die Zellen, bis ein ganzer Zellklumpen entsteht. Dieser wird in Stückchen geteilt und wieder auf Agar-Agar gesetzt. Weil die rotierende Bewegung nun fehlt, entwickeln die Teilstücke nun Triebe, Blättchen und Wurzeln. Erst bei genügender Entwicklung kommen diese Jungpflanzen in übliches Orchideensubstrat.
Daß diese Methode nur unter ganz sterilen Verhältnissen gelingen kann, ist verständlich. Es ist aber die wichtigste Methode, um rasch von einer besonders schönen Züchtung eine Vielzahl von Nachkommen zu erzeugen.

Cattleya-*Hybride*

Meristem der Nachtfalterorchidee (Phalaenopsis)

Aussaat

Orchideen aus Samen zu ziehen ist ebenfalls eine Angelegenheit für Spezialisten mit besonderer Einrichtung und Erfahrung. Die Orchideensamen sind so klein, daß in einer Fruchtkapsel mehrere tausend bis über eine Million Samen enthalten sind. Dies ist nur möglich, weil diesen Samen das Nährgewebe fehlt, welches normalen Samen zur Ernährung in der Zeit nach der Keimung dient.
Um zur Keimung zu gelangen, muß das einzelne Samenkorn eine Symbiose mit speziellen Wurzelpilzen eingehen, die das zukünftige Orchideenpflänzchen mit Nährstoffen versorgen. Nur ein Bruchteil der gebildeten Samen kommt daher in der Natur zur Keimung.
Die Spezialisten säen Orchideensaatgut auf keimfreie Substrate, die mit den erforderlichen Wurzelpilzen geimpft wurden. Es gibt Firmen, die die Samenanzucht von Orchideen im Auftrag durchführen. Die Anzucht ist sicher sehr mühsam und hat daher ihren Preis.

Wichtige Orchideen

Cattleya-Hybriden

Vermehrung durch Abtrennung der Pseudobulben (Abbildung siehe Seite 101).

Cymbidium-Hybriden

Vermehrung durch Teilung.

Dendrobium thyrsiflorum

Vermehrung durch Teilung.

Odontoglossum-Hybriden

Vermehrung durch Abtrennen der Pseudobulben.

Venusschuh
Paphiopedilum-Hybriden

Vermehrung durch Teilung.

Nachtfalterorchidee
Phalaenopsis-Hybriden

Vermehrung durch Teilung und Kindel.

Blaue Vanda
Vanda coerulea

Vermehrung durch Abtrennen bewurzelter Gipfeltriebe (siehe Seite 100).

Vanda-*Hybride*

Ein- und Zweijahresblumen

Die vielen farbenprächtigen Gewächse aus wärmeren Ländern sind auch unter dem Begriff Sommerblumen allen Pflanzenfreunden ein Begriff.

Einjahresblumen

Die Einjahresblumen sind nicht winterhart, müssen also jedes Jahr erneut aus Samen gezogen werden. Sie bringen aber im Sommer so viel Farbe auf die Beete und Balkone, daß sie unentbehrlich geworden sind und die Mühe der Anzucht lohnen.

Vermehrung:

Aussaat

Einjährige Pflanzen werden im zeitigen Frühjahr unter Glas oder Ende April im Freiland an Ort und Stelle ausgesät. Da in unseren Breiten die letzten Fröste zu den Eisheiligen, also Mitte Mai, zu erwarten sind, kann erst nach diesem Termin draußen gepflanzt werden. Bei vielen Pflanzenfreun-

Ringelblumen (Calendula officinalis, *links unten Samenstand) säen sich selber aus.*

den herrscht also bis Mitte Mai in Zimmern und Kleingewächshäusern, aber auch an Fensterbänken ein fürchterliches Gedränge. Die vielen überwinterten Kübelpflanzen und Kakteen, aber auch die nun selbst herangezogenen Sommerblumen warten darauf, daß sie endlich nach draußen kommen können.
Die Sommerblumen benötigen draußen gutgedüngte Beete, sie müssen ja in kurzer Zeit viele Triebe und Blätter, vor allem aber viele Blüten bilden. Den ganzen Sommer über ist dies ein prachtvoller Anblick, beim ersten Frost im Oktober ist dann alles zu Ende.
Wenn man im Laufe des Spätsommers von den schönsten Pflanzen auch Samen gesammelt hat, steht einer erneuten Anzucht nichts mehr im Wege.
Bei diesen kurzlebigen Gewächsen ist das Samenkorn die einzige Möglichkeit, ungünstige Witterungsperioden zu überdauern. Dazu zählt nicht nur der Winter bei uns, sondern in den Heimatländern ist es eher der dortige heiße und trockene Sommer, der den Pflanzen zu schaffen macht. Die Samen fallen also zu Boden und keimen bei der nächsten Feuchtperiode, meist erst im zeitigen Frühling. In wüstenartigen Gebieten fällt der Regen so unregelmäßig, daß die Samen auch mehrere Jahre im Boden warten müssen. Nach einem Regenguß ist dann schlagartig die Wüste grün und verwandelt sich innerhalb von 2 – 3 Wochen in ein Blütenmeer.
Typische Einjahresblumen sind Ringelblumen, Kosmeen und *Tagetes*, aber auch Sonnenblumen und Sommerastern. Viele der angebotenen Sorten sind züchterische Verbesserungen der Wildarten.

Sommerastern (Callistephus chinensis, *siehe Seite 104) sind typische Einjahresblumen.*

Hybriden

Im allgemeinen sind Bastarde prächtiger als ihre Eltern, sie bringen auch größere Blüten hervor. Spezielle Züchtungen aus ausgewählten Elternsorten, sogenannte F_1-Hybriden, dies bedeutet die erste Tochter- oder Filialgeneration (lat. filia = Tochter), bringen gleichmäßige Pflanzen hervor. Eine Nachzucht von solchen F_1-Hybriden ist meist enttäuschend, denn dann entstehen durch Aufspaltungen völlig ungleichmäßige Pflanzen.
Möchte man also eine gleichmäßige Qualität heranziehen, so ist man gezwungen, jedes Jahr Samen von den Saatzuchtfirmen zu bestellen. Trotz des höheren Preises haben diese Samen weitere Vorteile, sie sind resistenter gegen Krankheiten, wetterfester, auch ihre Blüten sind größer.

Zweijahresblumen

Die Zweijahresblumen haben eine andere Strategie entwickelt, um ihre Art zu erhalten und zu verbreiten. Sie keimen schon im Spätsommer und entwickeln bis zum Winter eine Menge Blätter, meist in Form einer Rosette. Diese überwintern dann in diesem Zustand, aber im folgenden Jahr beginnt die generative Entwicklung. Blütentriebe werden gebildet, die eine Fülle von Blüten und später auch jede Menge Samen produzieren. Die Blüten erscheinen meist von April bis Juli. Zu diesen Pflanzen gehören wichtige Beetpflanzen wie Stiefmütterchen und Tausendschön, aber auch der Rote Fingerhut und die Königskerze.

Vermehrung:
Auch zweijährige Pflanzen werden durch Aussaat vermehrt.

Wichtige Einjahresblumen und einjährige Ziergräser

Leberbalsam
Ageratum houstonianum (Korbblütler)

Vermehrung durch Aussaat Anfang Februar bei 18 – 20 °C unter Glas. F_1-Hybridsorten verwenden. Einmaliges Stutzen ergibt buschige Pflanzen.

Löwenmaul
Antirrhinum-Hybriden (Braunwurzgewächse)

Aussaat Anfang März unter Glas bei 18 – 20 °C, Stutzen erforderlich.

Eisbegonie
Begonia-Semperflorens-Hybriden (Begoniengewächse)

Wichtige Beetpflanze mit staubfeinen Samen, ein Gramm enthält etwa 80 000 Korn. Man überlasse die Anzucht im heizbaren Gewächshaus den Spezialisten, die damit schon im Dezember beginnen. Zweimaliges Pikieren erforderlich.

Großes Zittergras
Briza maxima (Süßgräser)

Aussaat ab Mitte März unter Glas in Schalen, später tuffweise pikieren.

Ringelblume
Calendula officinalis (Korbblütler)

Anspruchslose Pflanze, die sich auch selbst immer wieder aussät (Abbildung siehe Seite 102). Aussaat gleich an Ort und Stelle im April. Zu dicht stehende Exemplare später umpflanzen.

Spinnenpflanze (Cleome spinosa)

Sommeraster
Callistephus chinensis (Korbblütler)

Vielseitig verwendbare Pflanzen für Beet und Vasenschnitt in vielen Spielarten (Abbildung siehe Seite 103). Welkeresistente F_1-Sorten im März unter Glas bei 12 – 15 °C aussäen und später pikieren.

Wucherblume
Chrysanthemum (Korbblütler)

Mehrere reichblühende Arten und Sorten für Beet und Schnitt. Anzucht unter Glas im März bis April oder Saat Anfang Mai direkt ins Freiland.

Spinnenpflanze
Cleome spinosa (Kaperngewächse)

Hohe, exotisch wirkende Art mit duftenden Blüten aus Amerika. Sie wird Anfang März unter Glas bei 18 – 20 °C ausgesät, später pikiert und getopft. Erst Ende Mai ins Freie bringen.

Schmuckkörbchen, Kosmee
Cosmos bipinnatus (Korbblütler)

Aussaat der hohen, aber zierlich wirkenden Pflanzen im März unter Glas. Sämlinge bald in Multitopfplatten pikieren und später einzeln in größere Töpfe verpflanzen.

Sonnenblume (Helianthus annuus)

Zierkürbis
Cucurbita pepo var. *ovifera* (Kürbisgewächse)

Kräftige Ranker mit unterschiedlichen Früchten. Die großen Samen einzeln in Töpfe stecken und unter Glas zur Keimung bringen. Ende Mai ins Freie bringen. Sie brauchen viel Nährstoffe.

Kaisernelke
Dianthus chinensis (Nelkengewächse)

Vielfarbige Beetpflanze, die im März unter Glas ausgesät wird. Nach einmaligem Pikieren oder Topfen ab Mitte Mai ins Freie bringen.

Goldmohn
Eschscholzia californica (Mohngewächse)

Prächtige, zierliche Beetpflanze (Abbildung siehe Seite 106), die sich häufig auch selbst aussät. Sämlinge blühen schon ab Juni. Bei Aussaat Anfang Mai direkt ins Freiland erblüht der Goldmohn erst im Hochsommer.

Mittagsgold
Gazania-Hybriden (Korbblütler)

Viel Wärme benötigt diese niedrige Beetpflanze aus Südafrika. Anzucht aus Samen unter Glas ab März, später pikieren und topfen.

Sonnenblume
Helianthus annuus (Korbblütler)

Allbekannte, riesige Gartenpflanze mit großen Blüten, die entweder ab Ende April direkt ins Freie gesät wird. Oder aber: Früher blühen die Pflanzen, wenn sie Mitte April unter Glas gleich in Töpfe gesät werden.

Strohblume
Helichrysum bracteatum (Korbblütler)

Für Trockensträuße beliebte Einjahresblume. Aussaat unter Glas ab Mitte März, nach dem Auflaufen pikieren.

Mähnengerste
Hordeum jubatum (Süßgräser)

Aussaat ab Ende April direkt ins Freie oder besser ab Anfang April unter Glas direkt in Töpfe.

Fleißiges Lieschen
Impatiens walleriana (Balsaminengewächse)

Siehe auf Seite 83.

Prunkwinde
Ipomoea purpurea (Windengewächse)

Schöne Kletterpflanze mit zart gefärbten Trichterblüten. Aussaat im März unter Glas. Man legt jeweils zwei oder drei Samen in einen Topf, später in größere Töpfe mit Topferde umpflanzen.

Hasenschwanzgras
Lagurus ovatus (Süßgräser)

Hübsches Ziergras für Trockensträuße. Aussaat Anfang April unter Glas, später büschelweise pikieren.

Duftwicke
Lathyrus odoratus (Schmetterlingsblütler)

Aussaat ab Anfang April direkt ins Freiland an geschützter Stelle.

Bechermalve
Lavatera trimestris (Malvengewächse)

Ab Mitte April gleich auf Freilandbeete säen und bei Bedarf vereinzeln.

Statice, Meerlavendel
Limonium sinuatum (Bleiwurzgewächse)

Diese wichtige Trockenblume wird Mitte März unter Glas ausgesät, später pikiert und ab Mitte Mai ins Freiland gepflanzt.

Roter Lein
Linum grandiflorum (Leingewächse)

Aussaat ab Mitte April an Ort und Stelle im Freiland. Zu eng stehende Sämlinge büschelweise verpflanzen.

Lobelie
Lobelia erinus (Glockenblumengewächse)

Für Balkone und Beete unentbehrliche Pflanze in verschiedenen Blautönen. Vermehrung durch Aussaat im Zimmer oder Kasten bei 18 °C. Keimlinge zu mehreren in Töpfe pflanzen.

Duftsteinrich
Lobularia maritima (Kreuzblütler)

Duftende Beetpflanze, die im April gleich an Ort und Stelle gesät werden kann. Bei Aussaat in Schalen werden die Keimlinge gleich tuffweise in Töpfe gepflanzt.

Ziertabak
Nicotiana x *sanderae* (Nachtschattengewächse)

Aussaat unter Glas schon Ende Februar bei 18 – 20 °C. Später in größere Töpfe pikieren. Erst Ende Mai ins Freie bringen.

Jungfer im Grünen
Nigella damascena (Hahnenfußgewächse)

Sät sich im Garten leicht selbst aus. Aussaat ab Ende März direkt ins Freiland. Die auffälligen Fruchtkapseln erscheinen schon im Juli (Trockensträuße), daher im Abstand von 4 Wochen mehrere Sätze aussäen.

Blaue Blüte der Jungfer im Grünen (Nigella damascena), *umgeben von den roten Blüten des Goldmohns* (Eschscholzia californica, *siehe Seite 105).*

Rot-weiß gesternte Petunia-*Hybriden*

Petunie
Petunia-Hybriden
(Nachtschattengewächse)

Aussaat unter Glas in durchlässige Erdmischung ab Anfang März bei 22 °C, später in Töpfe vereinzeln. Später Samenkapseln entfernen, um Blütenbildung anzuregen.

Salbei (Salvia patens)

Kapuzinerkresse (Tropaeolum peregrinum)

Feuerbohne

Phaseolus coccineus (Schmetterlingsblütler)

Die schön marmorierten Bohnensamen ab Mitte April einzeln in Töpfe am Fenster oder unter Glas stecken. Ab Mitte Mai ins Freie pflanzen, etwa auf den zweijährigen Kompost. Auch Direktaussaat ab Anfang Mai möglich. Prächtiger Blüher.

Wunderbaum

Ricinus communis (Wolfsmilchgewächse)

Bis zu 3 m hohe, stattliche Pflanze, deren bohnenartige Samen hübsch marmoriert, aber giftig sind. Samen im März einzeln in 10 cm große Töpfe stecken und bei 22 °C keimen lassen. Später umtopfen und ab Ende Mai ins Freiland pflanzen.

Sonnenhut

Rudbeckia hirta (Korbblütler)

Aussaat unter Glas ab Mitte März, Sämlinge später in Töpfe pikieren.

Salbei

Salvia (Lippenblütler)

Einjährige Arten mit roten *(Salvia splendens)* und blauen Blüten *(Salvia patens, Salvia farinacea)* sind wichtige Beetpflanzen. Aussaat im März unter Glas bei 18 – 20 °C, später einzeln in Töpfe pikieren.

Husarenknopf

Sanvitalia procumbens (Korbblütler)

Diese Miniatur-Sonnenblume ist eine reizende Beet- und Balkonpflanze. Sie wird Mitte März breitwürfig im Kasten ausgesät, später büschelweise in Töpfe oder Multitopfplatten pikiert.

Sammetblume, Studentenblume

Tagetes (Korbblütler)

Niedere Arten und Sorten in gelben, orangefarbenen und bräunlichen Tönen für Beete unentbehrlich, höhere Sorten auch für den Schnitt geeignet. Aussaat im Kasten ab Ende März, späteres Pikieren in Töpfe ergibt kräftige Pflanzen.

Kapuzinerkresse

Tropaeolum majus (Kapuzinerkressengewächse)

Einjahresblume mit leuchtend gefärbten Trichterblüten. Aussaat der großen Samen im April einzeln in Töpfe im Kasten oder Ende April direkt ins Freie säen. Ab Mitte Mai ins Freie bringen.

Kletter-Kapuzinerkresse
Tropaeolum peregrinum (Kapuzinerkressengewächse)

Zierlicher Ranker mit gelben, gefransten Blüten. Zwei bis drei Samen in einenTopf stecken und unter Glas vorkultivieren. Ab Mitte Mai an Klettergerüste pflanzen.

Gartenverbenen
Verbena-Hybriden (Eisenkrautgewächse)

Duftende Einjahresblume mit schirmartigen Büscheln winziger, lilapurpurner Blüten. Samen schon im Februar aussäen, Saatschalen einige Tage ins Freie bringen (um 5 °C), dann unter Glas bei 20 °C zur Keimung bringen.

Zinnie
Zinnia elegans (Korbblütler)

Wärmeliebende Pflanze aus Mexiko, die im Sommer und Frühherbst oft zweifarbig blüht. Im Handel werden häufig bunte Mischungen angeboten. Aussaat bei 22–25 °C unter Glas ab Mitte März, Samen bedecken, da sie im Dunkeln besser keimen. Später einzeln in Töpfe pikieren und Ende Mai ins Freie bringen.

Marienglockenblume (Campanula medium)

Wichtige Zweijahresblumen

Tausendschön
Bellis perennis (Korbblütler)

Aussaat im Juni und Juli im Kasten, später Sämlinge auf Freilandbeete pflanzen, wo sie bis zum Frühling bleiben.

Marienglockenblume
Campanula medium (Glockenblumengewächse)

Den sehr feinen Samen Ende Juni im Kasten aussäen. Später Sämlinge vereinzeln und gleich an den vorgesehenen Standort pflanzen.

Goldlack
Cheiranthus cheiri (Kreuzblütler)

Die Aussaat dieses beliebten Dunkelkeimers erfolgt schon ab Ende Mai im Kasten, der bis zur Keimung mit Schattenmatten bedeckt wird. Dann Fenster und Schattierung entfernen und bei Bedarf in Töpfe pikieren.

Roter Fingerhut
Digitalis purpurea (Braunwurzgewächse)

Aussaat im Juni an Ort und Stelle möglich. Nach dem Auflaufen zu dicht wachsende Pflanzen ausgraben und in Töpfe pflanzen. Im Herbst oder Frühling an den endgültigen Standort bringen.

Orangelack, Schöterich
Erysimum x *allionii* (Kreuzblütler)

Aussaat von Mai bis Juli im Kasten. Nach der Keimung in Töpfe pikieren, im Herbst auf Beete pflanzen. Guter Partner für Blumenzwiebeln.

Silberling
Lunaria annua (Kreuzblütler)

Im Juni an Ort und Stelle oder im Kasten aussäen, später vereinzeln. Die Blüte erfolgt im April, dann erst bilden sich die eiförmigen, flachen Früchte mit den pergamentartigen Samenständen.

Vergißmeinnicht

Myosotis-Hybriden (Boretschgewächse)

Aussaat von F_1-Hybridsorten im Juni im Kasten. Büschelweises Pikieren nach dem Auflaufen ergibt dichte Pflanzen. Man kann auch drei bis fünf Samen sofort in einem Topf aussäen, dann entfällt das zeitraubende Pikieren. Samen nicht abdecken, denn Vergißmeinnicht zählt zu den Lichtkeimern. Bei Überwinterung im Freiland werden die Pflanzen mit Reisig abgedeckt.

Königskerze

Verbascum bombyciferum (Braunwurzgewächse)

Aussaat im Januar unter Glas oder im Mai/Juni am endgültigen Platz im Freiland an besonders warmer Stelle. Zu dicht gewachsene Keimlinge vereinzeln.

Stiefmütterchen

Viola-Wittrockiana-Hybriden (Veilchengewächse)

Das wohlbekannte Stiefmütterchen gibt es heute in unendlich vielen Farbvarianten. Bei der Anzucht kann es Probleme geben, wenn der Boden nicht vorher entseucht wurde.

Aussaat von Mitte Juni bis Mitte Juli im Kasten. Reihensaat ergibt kräftigere Jungpflanzen als Breitsaat. Nach der Aussaat Samen übersieben und mit Schattenleinen abdecken (Dunkelkeimer). Zu dicht gewachsene Keimlinge entfernen und in Multitopfplatten pikieren. Bei guter Entwicklung werden die Sämlinge im Spätsommer reihenweise ins Freiland gepflanzt, wo sie bis zum Vorfrühling bleiben. Dann kommen sie an den endgültigen Platz.

Stiefmütterchen (Viola-Wittrockiana-*Hybride) in blauem Blütenmeer*

Stauden

Unter Stauden versteht man alle winterharten, also mehrjährigen Pflanzen mit krautigen Trieben. Viele überwintern oberirdisch, dazu zählen Stauden mit immergrünen Blättern, wie z. B. das Blaukissen *(Aubrieta)*, die Gänsekresse *(Arabis)* oder der Hirschzungenfarn *(Phyllitis)*. Andere Arten besitzen unterirdische Speicherorgane. Dazu zählen Erdsprosse oder Rhizome (Maiglöckchen), Zwiebeln (Tulpe und Narzisse) und Knollen (Krokus). Die meisten Stauden haben Büschelwurzeln, vielfach werden auch kurze unterirdische Ausläufer gebildet. Auf diese Weise entsteht im Laufe der Jahre ein horstartiger Wuchs (Astern, Staudengräser und Schwertlilien). Arten mit oberirdischen Ausläufern eignen sich recht gut als Flächendecker *(Waldsteinia ternata)*.
Diese besonderen Wuchsformen spielen bei der vegetativen Anzucht eine große Rolle, denn der Gärtner nutzt die Eigenarten jeder Art zur rationellen Vermehrung aus.

Teilung von „Doppelnasen" bei Zwiebeln von Narzissen, wenn diese leicht möglich ist. Die Wunden mit Holzkohle einpudern.

Alpenveilchen (Cyclamen hederifolium) *gehören zu den Knollengewächsen (siehe Tabelle auf Seite 117).*

Vermehrung:

Wurzelteilung (siehe auch Seite 40)

Viele Stauden lassen sich einfach durch Teilung vermehren. Für den Pflanzenfreund ergibt diese Vermehrungsart genügend Teilpflanzen. Besondere Kultureinrichtungen sind dafür nicht notwendig. Teilen lassen sich alle Pflanzen mit Büschelwurzeln und Ausläufern aller Art, ebenso viele polsterbildende Arten. Problematisch ist die Teilung bei Pflanzen mit kräftigen Pfahlwurzeln, etwa bei der Lupine oder beim Steinkraut.

❁ Kurzlebige Stauden, dazu zählen Margeriten *(Chrysanthemum maximum)* und die Jupiter-Lichtnelke *(Lychnis flos-jovis)*, sollten alle 2 Jahre aufgenommen, geteilt und wieder in frische Erde gepflanzt werden.

❁ Astern *(Aster novae-angliae, Aster dumosus)* und Gemswurz *(Doronicum*-Arten) sowie viele andere Arten lassen 4–5 Jahre nach der Pflanzung im Wuchs nach. Ihre Stengel werden kürzer, die Blüten werden kleiner. Dies ist für den aufmerksamen Beobachter das Zeichen, daß der Boden ausgelaugt ist. Man kann natürlich mit einer Kompostgabe im Herbst den Alterungsprozeß hinausziehen. Besser ist es, diese Pflanzen ganz auszugraben, in faustgroße Stücke

Teilung von Stauden: Man gräbt sie mit möglichst vielen Wurzeln aus und beginnt mit der Zertrennung von oben mit dem Messer. Dann teilt man den Wurzelballen vollends mit den Händen.

zu teilen und das Beet frisch herzurichten. Dann werden die Teilstücke gepflanzt. Als günstigster Zeitpunkt hat sich das Frühjahr vor dem Austrieb erwiesen, ebenso der Herbst.

❁ Viele Stauden können auch sofort nach der Blüte im Sommer geteilt werden, dazu zählen Bartiris und Gemswurz. Man läßt die Blüten nicht zur Fruchtreife gelangen, sondern die ganze Kraft soll dem Wurzelstock zur Verfügung stehen.

❁ Bei älteren Schwertlilienhorsten werden nur die äußeren Rhizome weiterverwendet, die schwachen Triebe werden kompostiert.

Rißlinge (siehe auch Seite 52)

Teilt man Stauden in einzelne bewurzelte Triebe, so nennt man diese Rißlinge. Sie werden von der Mutterpflanze abgetrennt und einzeln eingetopft. Unter Glas oder Folie wachsen diese Teilstücke bald an. Man gewinnt dadurch wesentlich mehr Jungpflanzen als bei der normalen Teilung. Chrysanthemen und Astern sowie viele Gräser eignen sich für diese Methode. Sie wird im Frühling vorgenommen, wenn die Pflanzen mit dem Austrieb beginnen.

Wurzelschnittlinge (siehe auch Seite 53)

Einige Staudenarten werden in der Vegetationsruhe durch Wurzelschnittlinge vermehrt. Nur Pflanzen, die an den Wurzeln schlafende Augen besitzen, sind dafür geeignet. Dazu zählen Kugelprimel *(Primula denticulata)*, Türkischer Mohn *(Papaver orientale)*, Edeldisteln *(Eryngium*-Arten) und einige andere Arten. Der weitere Vorgang ist schon auf Seite 53 beschrieben worden.

Kopf-, Trieb- und Blattstecklinge

Nur wenn andere Vermehrungsmethoden nicht zum Erfolg führen, macht man Stecklinge von Stauden! Auf alle Fälle ist dafür ein kalter Kasten oder ein Kleingewächshaus erforderlich.

❁ Vermehrt werden z. B. Sorten mit gefüllten Blüten *(Alyssum saxatile* 'Plena') und

Steinbrecharten (Saxifraga) *können durch Stecklinge vermehrt werden.*

Arten mit hohlen Stengeln, wie z. B. der Rittersporn *(Delphinium)*. Ritterspornstecklinge werden im Vorfrühling gemacht, wenn die Austriebe etwa 10 cm lang sind. Sie werden mit Wurzelansatz abgeschnitten und so gesteckt, weil die hohlen Stengel faulen würden.

❁ Immergrüne Polsterstauden, wie z. B. das Blaukissen *(Aubrieta)* und Steinbreche *(Saxifraga)* werden durch Winterstecklinge ab September im Frühbeetkasten vermehrt. Die übliche Torf-Sand-Mischung deckt man mit einer 1 cm dicken Sandschicht ab. Diese Schicht darf nie zu naß, aber auch nicht zu trocken sein. Vor zu starken Frösten müssen diese Stecklinge bewahrt werden. Sie werden bei Bedarf mit Rohrmatten abgedeckt und auch vor starker Wintersonne geschützt.

Samen vom Diptam (Dictamnus albus) *werden sofort nach der Ernte ausgesät.*

❁ Normale Kopf- und Triebstecklinge macht man vorwiegend im Frühling. Man steckt die Stecklinge in Schalen oder Multitopfplatten und sorgt für hohe Luftfeuchtigkeit und Temperaturen von 15–20 °C. Am besten ist dafür ein Kleingewächshaus geeignet.

❁ Einige Stauden lassen sich auch durch Blattstecklinge vermehren. Dazu zählen einige Fetthennenarten, aber auch die Ramondie, eine winterharte Verwandte des Usambaraveilchens aus den Pyrenäen.

Aussaat

Die Aussaat von Stauden macht dem Pflanzenliebhaber viel Freude. Er kann beobachten, wie aus dem winzigen Samenkorn allmählich eine blühfreudige Staude heranwächst. Wenn er die Blüten dazu noch selbst bestäubt hat, wartet er voller Spannung auf die erste Blüte, also auf seinen Erfolg als Züchter. Viele Staudenarten werden jährlich weiterverbessert, immer wieder erscheinen neue Sorten in den Katalogen. In vielen Fällen steckt in einer solchen Neuheit die jahrelange Arbeit eines Hobbygärtners.

Wenn man allerdings von neuen Züchtungen Samen erntet, werden die Nachkömmlinge selten zur Zufriedenheit ausfallen. Zu stark spalten diese Sämlinge auf.

Dagegen werden viele Wildstauden durch Samen vermehrt und ergeben einwandfreie Nachzuchten. Viele Staudenfreunde nutzen die Gelegenheit, sich seltene Samen über Tauschaktionen zu besorgen. Man muß aber dazu Mitglied in entsprechenden Vereinen sein.

Im Winter ist die beste Zeit, sich mit Samenkatalogen zu beschäftigen. Die Bestel-

lungen sollten aber möglichst bald aufgegeben werden. Einmal sind von vielen Partien wenige Samen vorhanden, andererseits müssen einige Samen schon im Winter ausgesät werden.
Die meisten Stauden wird man von Mitte März bis Mitte April aussäen. Dies kann in Töpfen oder Schalen geschehen. Feine Sämereien werden nicht übersiebt, gröbere Samen werden so stark mit feiner Erde abgedeckt, daß die Körner nicht mehr zu sehen sind. Beim Angießen darf keine Erde abgeschwemmt werden.
Nun gibt man die Saatschalen und die Töpfe in den Frühbeetkasten oder in das Kleingewächshaus. Bei starker Besonnung ist eine Abdeckung aus Zeitungspapier sinnvoll.
Bei den steigenden Tagestemperaturen keimen sie in 1 – 2 Wochen und können bald pikiert werden. Von niedrigen Stauden kann man mehrere Sämlinge in einen Topf pikieren, die höher werdenden Arten topft man einzeln ein.
Schon im gleichen Sommer können einige Arten zur Blüte kommen, meist ist die optimale Entwicklung im folgenden Jahr.
Alpine Stauden (Kaltkeimer) müssen schon im Dezember bis Februar ausgesät werden (siehe dazu Seite 29). Einige Stauden gehören zu den Schwerkeimern (siehe Seite 29). Ihre Aussaat ist mühsam.

Iris barbata, *eine rhizombildende Prachtstaude (siehe Seite 125)*

Stauden: Einteilung in Gruppen

Die Artenfülle des Staudenreiches macht eine Einteilung in verschiedene Gruppen notwendig.

❁ Beet- oder Prachtstauden

Beet- oder Prachtstauden sind besonders anspruchsvoll an den Standort. Sie benötigen offene Böden in meist sonniger Lage und verlangen einen hohen Pflegeaufwand. Durch langjährige Züchtungsarbeit sind viele Sorten entstanden, ihre Blüten sind größer und farbenprächtiger als bei ihren Eltern.

Vermehrung:

In der Regel müssen Beetstauden vegetativ (siehe „Vermehrungspraxis" ab Seite 40) vermehrt werden, weil dadurch die spezifischen Sorteneigenschaften bewahrt bleiben.
Die wichtigsten Beet- oder Prachtstauden sind ab Seite 117 beschrieben.

❁ Wildstauden

Sie gibt es für alle möglichen Pflanzplätze. Sie sind züchterisch wenig bearbeitet, daher am richtigen Standort sehr anspruchs-

Simse (Luzula sylvatica)

los. An sonnigen Plätzen fallen die Wildstauden durch ihre Blau- oder Weißfärbung, aber auch durch Behaarung, Dornen und Stacheln auf. Diese Einrichtungen sind neben der Sukkulenz eine Vorsorge der Pflanze gegen starke Verdunstung.
Schattenstauden fallen dagegen durch ihre großen, dunkelgrünen Blätter auf. Dadurch können sie auch im Schatten von Bäumen und Gebäuden gut gedeihen.

Vermehrung:
Die meisten Wildstauden können gut durch Aussaat vermehrt werden, weil sie viel weniger aufspalten als die Beetstauden. Manche Arten bilden keinen Samen, bei diesen sind natürlich vegetative Methoden der Vermehrung notwendig.
Die wichtigsten Wildstauden für den Garten sind ab Seite 117 beschrieben.

Farne

Die meisten Farne gehören zu diesen schattenliebenden Wildstauden. Sie bilden aber keine Blüten, sondern Sporen.

Vermehrung:
Sie wurde schon bei den Zimmer- und Freilandfarnen (siehe Seite 97) erläutert.

Ziergräser

Ziergräser gedeihen vorwiegend an sonnigen Plätzen, einige Arten vertragen dagegen eher den Schatten.

Vermehrung:
Staudengräser werden vorwiegend durch Teilung vermehrt. Die beste Zeit ist im Frühling, wenn gerade der Austrieb beginnt. Niedere Gräserarten teilt man mit dem Messer in kleine Teilstücke, die dann gleich in Multitopfplatten gepflanzt werden (*Festuca*-Arten). Bei den höheren Arten braucht man schwere Spaten oder Pickel. Damit wird zuerst seitlich in die Tiefe gegraben, dann sticht man Teilstücke ab.
Einjährige Arten sät man im Frühling aus (einjährige Ziergräser, siehe ab Seite 192; mehrjährige siehe Tabelle auf Seite 115).

Sumpf- und Wasserpflanzen

Sumpf- und Wasserpflanzen benötigen einen besonderen Standort. Sie gedeihen an Plätzen, die für die meisten anderen Pflanzen völlig ungeeignet sind.

Ziergräser

Gattung	Vermehrungsart	Zeitpunkt	Abstand (cm)
Segge *(Carex)*	Teilung, Aussaat	Frühling	20 × 20
Pampasgras *(Cortaderia)*	Teilung	Frühling	40 × 40
Schmiele *(Deschampsia)*	Teilung	Frühling	20 × 20
Bambus *(Fargesia)*	Teilung	Frühling	50 × 50
Schwingel *(Festuca)*	Teilung, Aussaat	Frühling	15 × 15
Hafer *(Helictotrichon)*	Teilung	Frühling	25 × 25
Simse *(Luzula)*	Teilung, Aussaat	Frühling	20 × 20
Perlgras *(Melica)*	Teilung, Aussaat	Frühling	20 × 20
Chinaschilf *(Miscanthus)*	Teilung, Mutterpflanze bleibt am Platz, mit dem Spaten von der Seite her faustgroße Stücke abstechen	Frühling	40 × 40
Rutenhirse *(Panicum)*	Teilung	Frühling	25 × 25
Lampenputzer *(Pennisetum)*	Teilung	Frühling	25 × 25
Federgras *(Stipa)*	Aussaat (Samen vor Vollreife abnehmen)	Sommer	Einzeltopf
Ziermais *(Zea mays)*	Aussaat	Vorfrühling Frühling	unter Glas Direktsaat

Sumpf- und Wasserpflanzen

Gattung	Vermehrungsart	Zeitpunkt	Abstand (cm)
Froschlöffel *(Alisma)*	Aussaat, Teilung	Frühling	20 × 20
Schwanenblume *(Butomus)*	Aussaat, Teilung	Frühling	25 × 25
Sumpfkalla *(Calla)*	Rhizomteilung (siehe Seite 42)	Vorfrühling	15 × 15
Sumpfdotterblume *(Caltha)*	Teilung, Aussaat	Vorfrühling	20 × 20
Tannenwedel *(Hippuris)*	Teilung	Frühling	15 × 15
Sumpfschwertlilie *(Iris)*	Teilung, Aussaat	Frühling	20 × 20
Fieberklee *(Menyanthes)*	Rhizomteilung	ganzjährig	15 × 15
Seerose *(Nymphaea)*	Rhizomteilung	Frühling	30 × 30
Sumpfhahnenfuß *(Ranunculus)*	Teilung	Frühling	20 × 20
Krebsschere *(Stratiotes)*	Abtrennung der Jungpflanzen	Sommer	Schwimm-pflanze
Rohrkolben *(Typha)*	Teilung	Frühling	25 × 25

Vermehrung:
Die meisten Arten werden durch Teilung vermehrt. Oft ist aber die Selbstvermehrung der Wasserpflanzen so groß, daß man sie eher eindämmen muß. Sonst ist innerhalb kurzer Zeit das ganze Becken zugewachsen. Die Teilung wird im Frühling vorgenommen, wenn der Austrieb beginnt. Die Vermehrungsarten von wichtigen Pflanzen für Sumpf und Wasser sind in der Tabelle oben zu finden.

Zwiebelschuppenvermehrung bei Lilien:
1. *Schuppen vorsichtig abnehmen.*

2. *Schuppen in eine mit Sand gefüllte Folientüte einlegen. Dort bewurzeln sie sich.*

3. *Die bewurzelte Zwiebelschuppe wird entnommen.*

4. *Nach dem Eintopfen treibt die Schuppe Blättchen.*

❁ Zwiebel- und Knollengewächse

Sie besitzen unterirdische Speicherorgane, mit denen sie ungünstige Jahreszeiten überdauern können.

Vermehrung:
Sie werden durch Brutzwiebeln und Brutknöllchen, aber auch durch Samen vermehrt (siehe Tabelle auf Seite 117).

Zwiebel- und Knollengewächse		
Gattung	**Vermehrungsart**	**Zeitpunkt**
Zierlauch *(Allium)*	Brutzwiebeln; Aussaat (Keimlinge büschelweise pikieren)	Herbst Frühling
Windröschen *(Anemone)*	Knollenteilung	Frühling
Zeitlose *(Colchicum)*	Brutzwiebeln	Herbst
Krokus *(Crocus)*	Brutknöllchen Aussaat	Herbst Frühling
Alpenveilchen *(Cyclamen)*	Aussaat sofort nach Reife	Frühling
Dahlie *(Dahlia)*	Teilung, Aussaat, Stecklinge	Frühling
Winterling *(Eranthis)*	Aussaat	Frühling
Steppenkerze *(Eremurus)*	Aussaat	Frühling
Kaiserkrone *(Fritillaria)*	Brutzwiebeln Aussaat	Herbst Frühling
Schachblume *(Fritillaria)*	Aussaat	Frühling
Schneeglöckchen *(Galanthus)*	Aussaat	Frühling
Gladiole *(Galdiolus)*	Brutknöllchen	Herbst
Hyazinthe *(Hyacinthus)*	Brutzwiebeln (Kreuzschnitt, Abbildung siehe Seite 38))	Sommer bis Herbst
Lilie *(Lilium)*	Aussaat; Schuppen (siehe Zeichnunglinks); Bulbillen	Frühling Herbst Sommer bis Herbst
Traubenhyazinthe *(Muscari)*	Brutzwiebeln	Sommer
Narzisse *(Narcissus)*	Brutzwiebeln (sandig-lehmiges Substrat); Teilung (Abbildung siehe Seite 116)	Frühling Vorsommer
Ranunkel *(Ranunculus)*	Brutknöllchen	Herbst
Tulpe *(Tulipa)*	Brutzwiebeln; Aussaat unter Glas	Herbst Frühling

Wichtige Stauden

Tabellen mit der Vermehrung von **Staudengräsern** siehe 115, von **Sumpf- und Wasserpflanzen** siehe 115 und von **Zwiebel- und Knollengewächsen** siehe oben.

Stachelnüßchen

Acaena (Rosengewächse)

Herrlicher, dichter Bodendecker aus Neuseeland. Vermehrung durch Teilung oder Abtrennen der bewurzelten Ausläufer im Herbst oder Frühling.

Stachelnüßchen (Acaena microphylla)

Igelpolster
Acantholimon (Bleiwurzgewächse)

Dieses Dornpolster wird durch Abrißlingstecklinge oder Aussaat im Frühling vermehrt. Im Garten sind die Früchte häufig taub.

Bärenklau
Acanthus (Akanthusgewächse)

Die meterhohen Fruchtstände sind sehr dekorativ. Die pfenniggroßen Samen werden bis 5 m weit geschleudert. Vermehrung durch Samen und Wurzelschnittlinge.

Schafgarbe
Achillea (Korbblütler)

Vermehrung durch Teilung im Frühling oder Rißlinge. Alpine *Achillea*-Arten sät man im Vorfrühling aus (siehe auch Seite 112).

Eisenhut
Aconitum (Hahnenfußgewächse)

Die prächtige, aber sehr giftige Staude wird durch Knollenteilung im Herbst oder Frühling vermehrt (Handschuhe verwenden). Samen liegen oft über (keimen also nicht im ersten Frühling), daher nach Aussaat erst kühl halten.

Adonisröschen
Adonis (Hahnenfußgewächse)

Teilung größerer Exemplare im Frühling. Aussaat sofort nach der Ernte.

Frauenmantel
Alchemilla (Rosengewächse)

Wird im Garten durch Selbstaussaat lästig, Vermehrung durch Aussaat im Frühling und durch Teilung.

Steinkraut
Alyssum (Kreuzblütler)

Aussaat im Frühling. Sät sich oft selbst aus. Gefüllte Sorte 'Plena' durch Kopfstecklinge im Frühsommer vermehren, die man in Sand steckt.

Perlkörbchen
Anaphalis (Korbblütler)

Die zum Trocknen geeignete Staude vermehrt man durch Teilung im Frühling oder Spätsommer.

Mannsschild
Androsace (Primelgewächse)

Samen alpiner Arten werden als Kaltkeimer

Akelei (Aquilegia-*Hybride*)

Haselwurz (Asarum europaeum)

(siehe Seite 29) behandelt. Ausläufertreibende Arten bewurzeln leicht als Rosettensteckling im Herbst.

Akelei
Aquilegia (Hahnenfußgewächse)

Am besten durch selbstgesammelten Samen (Abbildung siehe Seite 24) vermehren, der sofort im Juni ausgesät werden muß. Ansonsten Aussaat im Februar unter Glas.

Gänsekresse
Arabis (Kreuzblütler)

Flächendeckende Arten durch Teilung im Frühling, Polsterformen durch Rosettenstecklinge im Sommer oder Aussaat im Frühling.

Grasnelke
Armeria (Bleiwurzgewächse)

Stecklingsvermehrung schwierig, am besten wachsen lange Abrißstecklinge, die im Frühling in sandiges Substrat getopft werden. Aussaat im Frühling unter Glas.

Haselwurz
Asarum (Osterluzeigewächse)

Dunkelgrüne Bodendecker, Vermehrung durch Teilung im Frühling.

Junkerlilie
Asphodeline (Liliengewächse)

Gelbe, trockenliebende Pflanze der Mittelmeerküsten, Vermehrung durch Teilung im April oder Aussaat unter Glas.

Staudenaster
Aster (Korbblütler)

Vielfältige Gattung. Vermehrung durch Teilung im April oder nach der Blüte, ferner durch Rißlinge und Samen im Frühling.

Prachtspiere
Astilbe (Steinbrechgewächse)

Humusliebende Schattenstauden, Vermehrung durch Teilung im Frühling in 5 cm große Stücke.

Blaukissen
Aubrieta (Kreuzblütler)

Einfache Sorten vermehrbar durch Aussaat im Spätwinter unter Glas, gefüllte Sorten durch Polsterteilung oder Winterstecklinge der Rosetten.

Bergenie
Bergenia (Steinbrechgewächse)

Einfache Vermehrung durch Teilung sofort nach der Blüte im Mai.

Kaukasusvergißmeinnicht
Brunnera (Boretschgewächse)

Sät sich häufig selbst aus, Teilung üblich

nach der Blüte. Von den schwarzen Wurzeln kann man auch Wurzelschnittlinge im Spätwinter schneiden.

Steinsame
Buglossoides (Boretschgewächse)

Macht lange Ausläufer und bildet schöne Teppiche, Vermehrung durch Teilung und Abtrennen der bewurzelten Ausläufer vor der Blüte.

Glockenblume
Campanula (Glockenblumengewächse)

Vielfältige Gattung mit heiklen alpinen und einfach zu vermehrenden, auch heimischen Arten in verschiedenen Farbtönen. Vermehrung durch Aussaat im Winter unter Glas (alpine Arten sind Kaltkeimer – siehe Seite 29) oder im Frühling ohne Abdeckung. Einfacher ist die Teilung nach der Blüte im Spätsommer.

Silberdistel
Carlina (Korbblütler)

Vermehrung durch Aussaat von Dezember bis März (Kaltkeimer!) direkt in Multitopfplatten. Geschützte heimische Pflanze.

Flockenblume
Centaurea (Korbblütler)

Vermehrung der Flockenblume vorwiegend durch Teilung im Frühling oder durch Samen unter Glas im Winter. Wurzelschnittlinge auch bei *Centaurea montana* möglich.

Steinsame (Buglossoides purpurocaerulea)

Spornblume (Centranthus ruber)

Spornblume
Centranthus (Baldriangewächse)
Versamt sich oft von selbst. Sonst ist die Vermehrung durch Stecklinge und Teilung leicht möglich.

Wucherblume
Chrysanthemum (Korbblütler)

Vielfältige Gattung. Vorwiegende Vermehrung durch Teilung vor dem Austrieb oder gleich nach der Blüte. Rißlinge und Aussaat im Frühling möglich.

Silberkerze
Cimicifuga (Hahnenfußgewächse)

Ausdauernde, spätblühende Großstauden. Meist durch Teilung im Frühling vermehrbar. Aussaat ist langwierig (Schwerkeimer! Siehe Seite 29).

Maiglöckchen
Convallaria (Liliengewächse)

Die heimische, wuchernde Schattenstaude wird im Herbst durch Teilung der Rhizome vermehrt. Giftig!

Mädchenauge, Netzblattstern
Coreopsis (Korbblütler)

Reichblühende Stauden. Vermehrung durch Teilung im Frühling. Rißlinge im Sommer oder Aussaat im Frühling.

Fiederpolster
Cotula (Korbblütler)

Rasenersatz aus Neuseeland. Ganzjährige Teilung möglich.

Rittersporn
Delphinium (Hahnenfußgewächse)

Prachtvolle Schnittstauden (Abbildung siehe Seite 29). Vermehrung durch Stecklinge mit Wurzelansatz im April, sonst durch Aussaat im Frühling unter Glas oder durch Teilung älterer Wurzelstöcke (Spaten) vor dem Austrieb.

Nelke
Dianthus (Nelkengewächse)

Reizende Steingartengewächse, die meist durch Samen im Frühling vermehrt werden. Abrißstecklinge macht man im Herbst, Teilung größerer Polster im Frühling.

Tränendes Herz
Dicentra (Mohngewächse)

Vermehrung durch Aussaat unter Glas sofort nach der Samenreife im September.

Tränendes Herz (Dicentra spectabilis)

Stecklinge mit Wurzelansatz kurz nach dem Austrieb schneiden. Auch Teilung ist möglich.

Diptam
Dictamnus (Rautengewächse)

Aussaat entweder sofort nach der Ernte oder im Vorfrühling nach Kältebehandlung (Abbildung siehe Seite 112). Fruchtstände vor der Reife mit Leinensäckchen umhüllen, Samen werden sonst fortgeschleudert.

Fingerhut (Digitalis purpurea)

Fingerhut
Digitalis (Braunwurzgewächse)

Vermehrung dieser meist giftigen Pflanzen durch Aussaat im Frühling oder direkt nach der Samenreife.

Gemswurz
Doronicum (Korbblütler)

Vermehrung sofort nach der Blüte durch Teilung oder durch Samen im Mai. Bei der Teilung im Mai erhält man im Herbst kräftige Pflanzen.

Hungerblümchen
Draba (Kreuzblütler)

Vermehrung durch Rosettenstecklinge (Kopfstecklinge) und Teilung im Herbst. Aussaaten im Vorfrühling, als Kaltkeimer (siehe Seite 29) behandeln.

Silberwurz
Dryas (Rosengewächse)

Arktisch-alpiner Bodendecker, Aussaat der federigen Samen im Vorfrühling (Kaltkeimer), sonst Vermehrung durch Polsterteilung und Abrißstecklinge.

Kugeldistel
Echinops (Korbblütler)

Meist Vermehrung durch Samen im Frühling unter Glas. Teilung vor oder nach der Blüte. Wintervermehrung durch Wurzelschnittlinge.

Elfenblume
Epimedium
(Berberitzengewächse)

Wichtiger Bodendecker mit kurzen Rhizomen, Vermehrung meist durch Teilung

Elfenblume (Epimedium alpinum)

vor dem Austrieb. Samen kühl behandeln, leider oft unbefriedigende Keimung.

Feinstrahl

Erigeron (Korbblütler)

Vermehrung älterer Horste durch Teilung vor oder nach der Blüte. Weiterhin Aussaat im Frühling möglich. Im Frühling Stecklinge mit Wurzelansatz schneiden (siehe Seite 50).

Edeldistel

Eryngium (Doldengewächse)

Vermehrung durch Samen im Sommer sofort nach der Ernte. Von Sorten macht man Wurzelschnittlinge im Winterhalbjahr.

Enzian (Gentiana dinarica)

Wolfsmilch

Euphorbia (Wolfsmilchgewächse)

Niedere Arten vermehrt man durch Stecklinge im Frühling und durch Aussaat nach Kühlbehandlung. Höhere Arten sät man erst im Mai aus oder teilt sie im Frühling.

Enzian

Gentiana (Enziangewächse)

Aussaat im Winter (Kaltkeimer!) unter Glas, die Keimung erfolgt unregelmäßig. Einfacher ist die Teilung im Frühling. Sorten durch Stecklinge im Herbst vermehrbar.

Storchschnabel (Geranium cinereum *'Ballerina'*)

Christrose
Helleborus (Hahnenfußgewächse)

Winterblüher, der durch vorsichtige Teilung nach der Blüte vermehrt wird. Gekaufter Samen liegt oft ein Jahr über. Aber Selbstaussaat erfolgt häufig an zusagenden Plätzen. Daher Samen kurz vor der Vollreife ernten und sofort aussäen.

Taglilie
Hemerocallis (Liliengewächse)

Wichtigste Vermehrungsart ist die Teilung, entweder im Frühling oder nach der Blüte im Spätsommer. Aussaaten nur für Züchter von Interesse (Kaltkeimer!).

Storchschnabel
Geranium (Storchschnabelgewächse)

Wichtigste Vermehrungsart ist die Teilung, Aussaaten im Frühling unter Glas vornehmen. Auch Rißlinge sind möglich (Abbildung siehe Seite 53).

Sonnenbraut
Helenium (Korbblütler)

Am besten durch Teilung im Frühling oder nach der Blüte vermehren.

Sonnenauge
Heliopsis (Korbblütler)

Sehr lang haltbare Schnittblume. Vermehrung durch Teilung im Frühling oder nach der Blüte. Stecklinge nach dem Austrieb möglich.

Christrose (Helleborus-*Hybride 'Atrorubens'*)

Nachtkerze (Oenothera missouriensis)

Funkie
Hosta (Liliengewächse)

Übliche Vermehrung durch Teilung vor dem Austrieb oder im Herbst. Aussaat im Winter, Kühlbehandlung fördert die Keimung.

Schwertlilie
Iris (Schwertlilien-gewächse)

Vielfältige Gattung mit unterschiedlichen Wuchsformen. Wichtigste Vermehrungsart ist die Teilung. Günstigster Zeitpunkt dafür ist bei vielen Arten das Frühjahr. *Iris barbata* (siehe Abbildung Seite 113) und andere rhizombildende Arten teilt man im Hochsommer direkt nach der Blüte. Zwiebeliris bilden Brutzwiebeln. Aussaaten nur für Züchter von Interesse. Samen erst kühl behandeln, dann bei 20 °C zur Keimung bringen.

Fackellilie
Kniphofia (Liliengewächse)

Prachtvolle Stauden, winterschutzbedürftig. Teilung im Frühling besonders wichtig. Ansonsten im März Vermehrung durch Samen, die als Dunkelkeimer gelten. Saatgefäße daher bis zur Keimung abdecken.

Edelweiß
Leontopodium (Korbblütler)

Vermehrung durch Teilung im Frühjahr oder Aussaat im Spätwinter (Kaltkeimer!).

Prachtscharte
Liatris (Korbblütler)

Auffällige Schnittstaude, die von oben nach unten aufblüht. Knolligen Wurzelstock im Frühling teilen. Auch Aussaat unter Glas im Vorfrühling möglich.

Staudenlupine
Lupinus (Schmetterlingsblütler)

Vorwiegend wird die Aussaat im Vorfrühling vorgenommen, harte Samenschalen vor der Saat aufrauhen. Samen einzeln in Töpfe stecken. Von Namenssorten Stecklinge mit Wurzelansatz nach dem Austrieb schneiden.

Indianernessel
Monarda (Lippenblütler)

Wichtigste Vermehrungsart ist die Teilung vor dem Austrieb in faustgroße Stücke oder bei großen Mengen in einzelne Triebe.

Nachtkerze
Oenothera (Nachtkerzengewächse)

Arten mit rübenförmigen Wurzeln durch Samen im Frühling vermehren *(Oenothera missouriensis)*, höhere Arten durch Teilung vor der Blüte.

Feigenkaktus
Opuntia (Kakteen)

Die winterharten Kakteen (siehe auch Seite 93) vermehrt man durch Abtrennen der Glieder, Wunden mehrere Tage abtrocknen lassen. Aussaat im April unter Glas.

Pfingstrose
Paeonia (Pfingstrosengewächse)

Besonders langlebige Prachtstauden. Vermehrung der Arten durch Aussaat im Vorfrühling in Töpfe, Samen liegen oft über. Die Teilung der mächtigen Wurzelstöcke erfolgt im Herbst. Die Knospen sitzen an der Stengelbasis, nicht an den Knollen. Blühfaule Pfingstrosen wurden oft zu tief gepflanzt!

Im Herbst teilt man den Wurzelstock der Pfingstrose (Paeonia).

Mohn
Papaver (Mohngewächse)

Kurzlebige Arten *(Papaver nudicaule,* Abbildung siehe Seite 68) durch Samen im Frühling vermehren. *Papaver orientale*, der Türkische Mohn, wird im Herbst oder Frühjahr geteilt, im Winter auch durch Wurzelschnittlinge vermehrt.

Flammenblume
Phlox (Sperrkrautgewächse)

Niedere Arten vermehrt man durch Teilung nach der Blüte, auch durch Sommer- und Winterstecklinge (Rißlingstecklinge, siehe Seite 52). Hohe Arten durch Teilung im Frühling, aber auch durch Wurzelschnittlinge (sie Seite 53) im Winter. Aussaat unter Glas nach Kühlbehandlung im Vorfrühling möglich.

Küchenschelle (Pulsatilla vulgaris)

Gelenkblume
Physostegia (Lippenblütler)

Vermehrung durch Abtrennen der bewurzelten Ausläufer oder Teilung im Frühling.

Primel
Primula (Schlüsselblumengewächse)

Viele Arten mit unterschiedlichen Ansprüchen. Vermehrung durch Aussaat sofort nach der Ernte oder unter Glas im Winter (Kaltkeimer!), Saaten mit Papier abdecken. Die Teilung ist möglich im Frühling oder nach der Blüte.
Kugelprimeln vermehrt man auch im Winter durch Wurzelschnittlinge.

Küchenschelle
Pulsatilla (Hahnenfußgewächse)

Teilung älterer Pflanzen möglich, Vermehrung sonst durch Aussaat sofort nach der Ernte oder im Vorfrühling (Kaltkeimer) unter Glas.

Felsenteller
Ramonda (Gesneriengewächse)

Kleinod der Pyrenäen, für Steingärten geeignet. Vermehrung durch Aussaat im Winter (Kaltkeimer!), auch Blattstecklinge wie beim Usambaraveilchen (siehe Seite 54) möglich.

Sonnenhut
Rudbeckia (Korbblütler)

Vermehrung durch Teilung vor dem Austrieb oder direkt nach der Blüte. Rißlinge macht man im Frühling, Aussaaten ebenfalls.

Salbei
Salvia (Lippenblütler)

Vermehrung vorwiegend durch Teilung im Vorfrühling oder Herbst, ebenfalls nach dem Austrieb durch Stecklinge mit Wurzelansatz. Aussaat unter Glas im Vorfrühling möglich.

Steinbrech (Saxifraga-Arendsii-*Hybride)*

Steinbrech
Saxifraga (Steinbrechgewächse)

Vielseitige Gattung von Rosettenpflanzen. Vermehrung vorwiegend durch Teilung im Frühling und Herbst, ferner durch Rosettenstecklinge (Kopfstecklinge) im Winterhalbjahr (Abbildung siehe Seite 111). Aussaat der Kaltkeimer von Januar bis März unter Glas. Die feinen Samen nicht übersieben. Bei *Saxifraga longifolia* ist nur Aussaat möglich.

Fetthenne
Sedum (Dickblattgewächse)

Einfache Vermehrung durch Teilung oder Stecklinge

ganzjährig möglich. Einige Arten sind durch Blattstecklinge vermehrbar. Aussaaten im Frühling auch im Kasten möglich.

Hauswurz
Sempervivum (Dickblattgewächse)

Besonders anspruchslose Gattung. Vermehrung durch Tochterrosetten ganzjährig möglich. Samen keimen nicht nach der Ernte, daher im Februar unter Glas aussäen, die sehr feinen Samen nicht abdecken.

Ziest
Stachys (Lippenblütler)

Meist wird die Teilung im Frühling oder nach der Blüte vorgenommen.

Schaumblüte
Tiarella (Steinbrechgewächse)

Hübscher Bodendecker. Vermehrung durch Teilung vor oder nach der Blüte.

Trollblume
Trollius (Hahnenfußgewächse)

Samen keimen sehr schwer, daher Kühlbehandlung im Winter unter Glas. Übliche Vermehrung durch Teilung, meist im Frühling.

Immergrün
Vinca (Hundsgiftgewächse)

Einfachste Vermehrung durch Teilung ganzjährig möglich. Ausläufer bewurzeln sich leicht, diese abtrennen und eintopfen.

Veilchen
Viola (Veilchengewächse)

Vermehrung durch Teilung im Vorfrühling oder nach der Blüte. Samen vor der Vollreife ernten, sie werden sonst ausgeschleudert. Aussaat sofort nach der Ernte oder im Frühling im Haus.

Tochterrosetten von Hauswurz (Sempervivum) in einer Multitopfplatte

Golderdbeere (Waldsteinia) *kombiniert mit Erika (hinten) als Bodendecker*

Golderdbeere
Waldsteinia (Rosengewächse)

Wichtige Bodendecker, Vermehrung durch Teilung im Vorfrühling oder durch Abtrennen der Ausläufer bei *Waldsteinia ternata*, die auch als Stecklinge zu behandeln sind.

Palmlilie
Yucca (Agavengewächse)

Vermehrung durch Rhizomteilung im Frühling oder Herbst. Samen werden bei uns nicht gebildet, da der Bestäuber, die Yuccamotte, bei uns fehlt.

Gehölze

Im Gegensatz zu den Stauden haben alle Gehölze Triebe, die verholzen. Allerdings sind die Wuchsformen sehr verschieden. Sie reichen von kriechenden Arten bis zu den höchsten Bäumen. Auch die Winterhärte kann unterschiedlich sein. Während sich die heimischen Arten an die Jahreszeiten angepaßt haben, können fremdländische Arten den Winter nur an geschützten Stellen ohne Schaden überstehen.
In diesem Kapitel werden nur Gehölze aufgeführt, die in Mitteleuropa ausreichend winterhart sind. Bei Ausnahmen wird auf Schutzmaßnahmen hingewiesen.
Folgende Wuchsformen werden bei Gehölzen unterschieden:
- Halbsträucher: Darunter zählt man Gewächse aus wärmeren Ländern, die meist viele ätherische Stoffe besitzen, aber in strengen Wintern leiden. Man denke an den Lavendel oder an die Beetrosen.
- Sträucher: Dies sind alle holzartigen Gewächse, die viele Triebe aus der Basis entwickeln, aber noch keine Stämme bilden. Darunter versteht man neben laubabwerfenden auch immergrüne Arten sowie bodendeckende Zwergsträucher und Klettergewächse.
- Bäume: Die Bäume bilden einen oder mehrere Stämme. Man unterscheidet anspruchslose heimische sowie anspruchsvolle fremdländische Laubbäume und die vorwiegend immergrünen Nadelbäume. Diese haben unscheinbare Blüten und entwickeln Zapfenfrüchte.

Vermehrung: Viele der besprochenen Arten werden durch spezielle Techniken vermehrt, die jeweils angegeben sind.

Wichtige Gehölzgattungen

Tanne
Abies (Kieferngewächse)

Luftfeuchtigkeit liebende Nadelgehölze mit aufrechten Zapfen, die bei der Reife zerfal-

Ein zweijähriger Tannenkeimling (Abies) *bildet viele Blätter.*

len. Ernte daher vor der Vollreife, Samen trocken lagern und im November oder April im Kasten aussäen. Sorten vermehrt man durch Stecklinge im Spätsommer.
Bei Veredlungen durch seitliches Anplatten (siehe Seite 67) wird *Abies alba* oder die jeweilige Art als Unterlage verwendet. Als Edelreiser sind nur Spitzentriebe zu gebrauchen, Seitentriebe bilden später kaum einen Gipfel.

Ahorn
Acer (Ahorngewächse)

Vielseitige Gattung mit mächtigen Bäumen, aber auch zierlichen Sträuchern. Die Arten vermehrt man durch Aussaat sofort nach der eigenen Ernte im Herbst. Bei Frühjahrsaussaat Samen vorher 1 – 3 Monate stratifizieren. Sommerstecklinge möglich bei Sorten des Fächerahorns (Bewurzelungshormone).
Veredlung durch Okulation (siehe Seite 64) im Sommer ist üblich bei buntlaubigen Sorten und dem Kugelahorn. Winterveredlung macht man bei Sorten des Fächerahorns.

Roßkastanie
Aesculus (Roßkastaniengewächse)

Die Roßkastanie wird durch Aussaat im Frühling vermehrt. Die Samen bis dahin feucht, aber kühl lagern.
Sorten werden durch frühe Okulation auf das schlafende Auge oder durch seitliches Einspitzen im Sommer auf *Aesculus hippocastanum* veredelt. *Aesculus parviflora*, die Strauchkastanie, wird durch Abtrennen der Seitentriebe vermehrt, die man vorher angehäufelt hat.

Götterbaum
Ailanthus (Bittereschengewächse)

Prächtiger Baum, sät sich in wärmeren Lagen selbst aus. Samen sind nicht lange keimfähig, sofort nach der Reife aussäen.

Erle
Alnus (Birkengewächse)

Wichtiges heimisches Pioniergehölz für meist feuchte Lagen. Ernte der Zäpfchen im Oktober, Samen trocken aufbewahren. Vermehrung durch Aussaat im März auf schattige Beete. Sorten werden im Winter auf Schwarz-Erle veredelt.

Felsenbirne
Amelanchier (Rosengewächse)

Alle Arten mit herrlicher Herbstfärbung. Wichtigste Vermehrungsart ist die Aussaat.

Aralie (Aralia elata)

Früchte ernten, vom Fruchtfleisch befreien und stratifizieren. Die Aussaat erfolgt im März.
Stecklingsvermehrung (Kopfstecklinge) im Sommer möglich. Hybriden werden auch im Winter veredelt.

Aralie
Aralia (Araliengewächse)

Kleinbäume mit stacheligen Trieben. Vermehrung durch 10 cm lange Wurzelschnittlinge oder Abtrennen der bewurzelten Ausläufer.

Pfeifenwinde
Aristolochia (Pfeifenwindengewächse)

Auffälliger Schlinger mit großen Blättern. Vermehrung durch Aussaat im Frühling unter Glas oder durch Sommerstecklinge (Bewurzelungshormon).

Berberitze
Berberis (Berberitzengewächse)

Dornige, auch immergrüne Sträucher. Wichtigste Vermehrung ist die Aussaat nach Stratifikation im Frühling. Stecklinge von immergrünen Arten werden von August bis September, die anderen im Juli gemacht.

Birke
Betula (Birkengewächse)

Flachwurzelnde Bäume mit weißer Rinde, Vermehrung vorwiegend durch Aussaat im März auf Beete. Samen je nach Art ab Juni ernten und trocken aufbewahren. Stecklinge von der Birke werden im Sommer gemacht.
Die Hängeformen werden auch veredelt (Ablaktieren, Kopulation, Okulation).

Sommerflieder
Buddleja (Sommerfliedergewächse)

Reich blühende Sträucher. Vermehrung durch Stecklinge im Sommer. Steckhölzer von *Buddleja davidii* im Winter, Aussaat von *Buddleja alternifolia* im Frühling möglich.

Buchsbaum
Buxus (Buchsbaumgewächse)

Wichtiges immergrünes Heckengehölz. Üblich ist die Stecklingsvermehrung im Spätsommer. Den niedrigen Einfassungsbuchs vermehrt man durch Teilung.

Schönfrucht
Callicarpa (Eisenkrautgewächse)

Diese sät man sofort nach der Ernte oder im Vorfrühling unter Glas aus. Stecklingsvermehrung im Sommer.

Schönfrucht (Callicarpa bodinieri *var.* giraldii')

Besenheide
Calluna (Heidekrautgewächse)

Niedriger Sommerblüher für saure Sandböden. Aussaat sofort nach der Ernte, bringt allerdings viele Variationen hervor. Sorten vermehrt man durch krautige Stecklinge im Herbst.

Hainbuche
Carpinus (Birkengewächse)

Wichtigste heimische Heckenpflanze. Vermehrung durch Aussaat im Herbst oder nach Stratifikation im Vorfrühling. Sorten werden durch Stecklinge im Juli vermehrt oder veredelt.

Bartblume
Caryopteris (Eisenkrautgewächse)

Wertvoller Sommerblüher für warme Plätze, sät sich gerne selbst aus. Aussaat im Frühling unter Glas. Wichtiger ist die Vermehrung durch Stecklinge im Spätsommer.

Eßkastanie
Castanea (Buchengewächse)

Mächtiger Fruchtbaum für warme Lagen. Vermehrung durch Aussaat der großfrüchtigen Maronen sofort im Herbst oder nach Stratifikation im Frühling. Vor Mäusen und Frost schützen. Sorten werden auch im Winter durch Geißfuß veredelt.

Trompetenbaum
Catalpa (Bignoniengewächse)

Großblättriger Baum mit weißen Blüten im Sommer. Ernte der langen Samenkapseln ab Dezember. Nach trockener Lagerung entfernt man die federartigen Samen und sät sie im Haus im Februar aus. Die Stecklingsvermehrung erfolgt im Juli.

Zeder
Cedrus (Kieferngewächse)

Mächtige Nadelhölzer mit tonnenförmigen Zapfen. Sie brauchen 3 Jahre zur Samenreife. Vermehrung durch Aussaat üblich. Zapfenernte im März bis April, nach 2 Tagen im Wasserbad lassen sich die Zapfen zerkleinern. Samen nach kurzer Trocknung im kalten Kasten aussäen. Die Vermehrung durch Sommerstecklinge mit Holzansatz ist möglich.

Judasblattbaum
Cercidiphyllum (Judasblattbaumgewächse)

Mehrstämmiger, schlanker Baum mit schönem Herbstlaub. Die sehr feinen Samen der weiblichen Bäume im November ernten und trocken lagern. Aussaat erfolgt im Frühling unter Glas, Stecklinge schneidet man im Juli.

Judasbaum
Cercis (Schmetterlingsblütler)

Wärmeliebender Strauch mit rosafarbenen Blüten am alten Holz. Samenschalen vor der Saat im Frühling aufrauhen. Stecklingsvermehrung im Sommer möglich.

Eßkastanie (Castanea sativa)

Scheinzypresse
Chamaecyparis (Zypressengewächse)

Meist schlanke Koniferen für Hecken, aber auch viele Zwergformen. Die Arten werden meist durch Samen vermehrt. Ernte der kugeligen Zäpfchen vor der Vollreife im Herbst. Nach trockener Lagerung Samen im Frühling unter Glas aussäen. Von den Sorten werden im Herbst Stecklinge mit Astring geschnitten. Veredlungen erfolgen meist auf Unterlagen von *Chamaecyparis lawsoniana* im Frühling.

Waldrebe (Clematis alpina)

Hartriegel (Cornus nuttallii)

Zierquitte
Choenomeles (Rosengewächse)

Dichter Dornstrauch mit großen Früchten. Vermehrung durch Aussaat. Früchte im Spätherbst ernten und zerkleinern, Samen auslesen und sofort aussäen. Nach Stratifikation Aussaat auch im Frühling möglich. Stecklinge macht man im Sommer, Wurzelschnittlinge im Winter.

Waldrebe
Clematis (Hahnenfußgewächse)

Reichblühende Kletterpflanzen in vielen Farbtönen. Arten vermehrt man durch Aussaat der fedrigen Samen im Frühling. Wichtig ist die Anzucht durch Stecklinge im Vorsommer und die Veredlung der Sorten durch seitliches Anplatten im Winter auf Sämlingsunterlagen.

Hartriegel
Cornus (Hartriegelgewächse)

Vielseitige Gattung mit unterschiedlichen Wuchsformen und Ansprüchen. Heimische Arten vermehrt man durch Aussaat. Samen im Herbst auswaschen und stratifizieren, im Frühling aussäen. Einige Arten können durch Ableger vermehrt werden *(Cornus alba, Cornus sanguinea)*. Die Blumenhartriegel vermehrt man durch Stecklinge im Vorsommer oder veredelt sie durch Geißfuß auf Sämlingsunterlagen.

Haselnuß

Corylus (Birkengewächse)

Wichtige Fruchtsträucher. Vermehrung durch Samen sofort nach der Ernte oder nach Stratifikation im Frühling. Vor Mäusen schützen! Absenker von Fruchtsorten gut möglich. Die Korkenzieherhasel wird im Winter durch Kopulation veredelt (Abbildung siehe Seite 64).

Felsmispel

Cotoneaster (Rosengewächse)

Meist immergrüne Beerensträucher. Vermehrung durch Aussaat nach Stratifikation im Frühling. Stecklinge macht man im Sommer, von kriechenden Arten auch Ableger der bewurzelten Triebe. Hängeformen werden veredelt.

Weißdorn

Crataegus (Rosengewächse)

Umfangreiche Gattung von Fruchtsträuchern, Verwendung neuerdings wegen der Bakterienkrankheit Feuerbrand problematisch. Vermehrung durch Aussaat nach Stratifikation im Frühjahr.
Sorten veredelt man auf heimische Weißdornarten durch Okulation.

Die Samen des Spindelstrauches (Euonymus planipes) *können nach dem Stratifizieren ausgesät werden.*

Quitte
Cydonia (Rosengewächse)

Die echte Quitte ist als Fruchtstrauch bekannt. Sie dient aber auch als Unterlage für schwachwachsende Birnbäume. Dafür wird die Quitte durch Rißlinge vegetativ vermehrt.

Ginster, Geißklee
Cytisus (Schmetterlingsblütler)

Schöne Blütensträucher, Früchte giftig. Aussaat im Mai üblich, die Samenschale wird zuvor aufgerauht. Triebstecklinge macht man meist im Spätsommer.

Seidelbast
Daphne (Spatzenzungengewächse)

Herrliche Blüten- und Duftsträucher, Früchte von *Daphne mezereum* sehr giftig. Vermehrung durch Aussaat bei dieser Art besonders wichtig. Samen vor der Vollreife ernten und sofort aussäen. Sonst liegen die Samen lange über, auch bei Stratifikation. Andere Arten vermehrt man durch Sommerstecklinge mit ausgereiften Trieben.

Deutzie
Deutzia (Steinbrechgewächse)

Schöne Blütensträucher. Vermehrung durch Steckholz und Sommerstecklinge.

Ölweide
Elaeagnus (Ölweidengewächse)

Anspruchslose Sträucher mit meist silbrigen Blättern und auffälligen Beeren oder Steinfrüchten (Abbildung siehe Seite 27). Diese werden nach der Stratifikation im Frühling ausgesät.

Heide
Erica (Heidekrautgewächse)

Niedrige Blütensträucher. Vermehrung möglich durch Abrißlingstecklinge, dazu muß die Pflanze vorher angehäufelt werden. Wichtig ist die Stecklingsvermehrung von Juni bis August in lockerem Substrat.

Spindelstrauch
Euonymus (Baumwürgergewächse)

Reichfruchtende Sträucher mit giftigen Samen. Vermehrung durch Aussaat im Frühling nach Stratifikation und durch Sommerstecklinge.

Buche
Fagus (Buchengewächse)

Prächtige Bäume. Vermehrung der Arten durch Aussaat im April. Samenernte im Oktober. Bucheckern kühl und luftig lagern.

Weibliche (am Triebende aufrechtstehend) und männliche Blüten (herabhängend) der Gemeinen Buche (Fagus sylvatica)

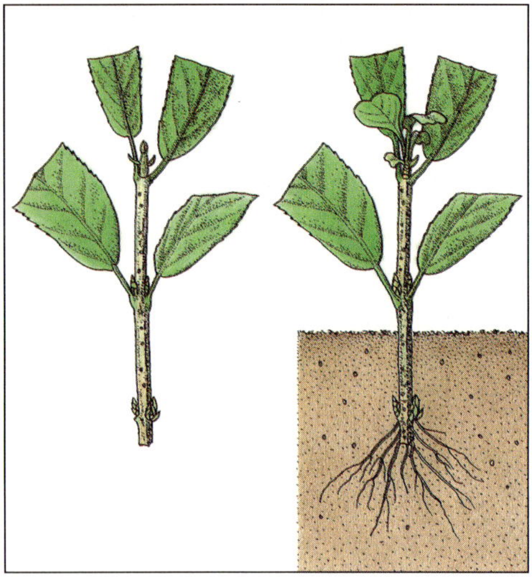

Ein fertiger Forsythiensteckling mit eingekürzten Blättern wird 3–4 cm in Stecklingssubstrat gesteckt. Er bewurzelt sich rasch und bildet neue Triebe.

Aussaat von Blutbuchen ergibt nur 5% wirklich rote Sämlinge.
Sorten werden durch verschiedene Methoden veredelt (siehe Veredlungen ab Seite 60).

Goldglöckchen
Forsythia (Ölbaumgewächse)

Prächtige Vorfrühlingsblüher mit gelben Blüten. Einfache Vermehrung durch Steckholz und Stecklinge.

Esche
Fraxinus (Ölbaumgewächse)

Mächtige Bäume. Arten vermehrt man durch Aussaat im Herbst oder April nach Stratifikation.
Formen werden durch Okulation (siehe Seite 64) im Sommer veredelt.

Fächerblattbaum
Ginkgo (Ginkgogewächse)

Zweihäusiger, urweltlicher Baum. Vermehrung durch Aussaat im Haus nach über einjähriger Stratifikation. Nach der Ernte Fruchtfleisch entfernen (Handschuhe!). Nicht alle Kerne sind keimfähig! Mehr Erfolg bringt die Stecklingsvermehrung im Juni. Auf Astring schneiden.

Zaubernuß
Hamamelis (Zaubernußgewächse)

Prächtige Winterblüher. Vermehrung durch Aussaat im Herbst oder nach Stratifikation im Frühling, Keimung sehr unregelmäßig. Achtung: Früchte werden bei Vollreife weggeschleudert! Wichtiger ist die Veredlung auf *Hamamelis virginiana* durch seitliches Anplatten im Vorfrühling.

Efeu
Hedera (Araliengewächse)

Immergrüne Kletterer und Bodendecker.

Zaubernuß (Hamamelis japonica)

Vermehrung durch Trieb- oder Kopfstecklinge im Sommer. Die Sorte 'Arborescens' wird veredelt.

Eibisch
Hibiscus (Malvengewächse)

Sommerblühende Sträucher. Vermehrung durch Aussaat im Frühling unter Glas. Stecklinge macht man im Sommer, Geißfußveredlungen im Spätwinter im Haus. Auch Steckhölzer und Wurzelschnittlinge sind möglich.

Sanddorn
Hippophae (Ölweidengewächse)

Zweihäusiger Fruchtstrauch. Vermehrung durch Aussaat nach Stratifikation im April, Sämlinge sind zu 80% weiblich. Einfach ist die Vermehrung durch Abtrennung der Ausläufer.

Die weiblichen Blütenstände des Gemeinen Wacholders (Juniperus communis) *bestehen aus Schuppenblättern. Die drei obersten werden bei der Reife saftigfleischig und bilden einen Beerenzapfen.*

Hortensie
Hydrangea (Steinbrechgewächse)

Sommerblühende Sträucher, eine Art klettert. Vermehrung vegetativ durch Sommerstecklinge, die Kletterhortensie auch durch Absenker.

Stechpalme
Ilex (Stechpalmengewächse)

Immergrüne Fruchtsträucher mit giftigen Beeren. Vermehrung durch Aussaat im Frühling nach über einjähriger Stratifikation. Stecklinge schneidet man von Juli bis Oktober.

Jasmin
Jasminum (Ölbaumgewächse)

Der Winterjasmin bewurzelt sich selbst bei Bodenberührung, einfache Steckholzvermehrung. Sonst Vermehrung durch Sommerstecklinge.

Walnuß
Juglans (Walnußgewächse)

Bekannter Fruchtbaum ist *Juglans regia*. Ernte der Früchte ab September, nach Entfernung der grünen Schale Samen mäusesicher stratifizieren. Waagerechte Aussaat im Frühling 6 – 10 cm tief. Sorten werden durch Okulation im Sommer veredelt, sie fruchten früher.

Wacholder
Juniperus (Zypressengewächse)

Meist strauchige Nadelgehölze für arme Standorte. Aussaat der „Beeren" nach langer Stratifikation im Frühling. Meist Vermehrung durch Stecklinge von Sommer bis

Herbst, auf Astring (also mit altem Holz) schneiden. Von kriechenden Sorten Ableger machen.

Ranunkelstrauch
Kerria (Rosengewächse)

Schöner Strauch mit gelben Blüten. Vermehrung durch Steckholz oder Abtrennen der Ausläufer.

Blasenesche
Koelreuteria (Seifenbaumgewächse)

Sommerblühender Kleinbaum. Sät sich oft selbst aus. Samen also sofort nach der Ernte aussäen, auch Wurzelschnittlinge möglich.

Kolkwitzie
Kolkwitzia (Geißblattgewächse)

Herrlicher Blütenstrauch. Vermehrt wird durch Steckholz und vor allem durch Sommerstecklinge. Aussaat gut im Frühling, aber unüblich.

Goldregen
Laburnum (Schmetterlingsblütler)

Reichblühender Kleinbaum mit giftigen Früchten. Vermehrung durch Aussaat. Samen im Herbst ernten, trocken lagern. Im Frühling Samen vorquellen lassen und ins Freiland säen.

Lärche
Larix (Kieferngewächse)

Nadelabwerfende Konifere. Zapfen im Winter ernten, Samen nach Wärmelagerung ausschütteln und trocken aufbewahren. Aussaat im Frühling im Haus. Vegetative Vermehrung durch Abrißlingstecklinge im Sommer.

Liguster, Rainweide
Ligustrum (Ölbaumgewächse)

Wichtige Heckenpflanze mit giftigen Früchten. Vermehrung einfach durch Steckholz und Frühsommerstecklinge. Aussaat nach Stratifikation im Frühling.

Tulpenbaum
Liriodendron (Magnoliengewächse)

Mächtige Bäume mit schönem Herbstlaub. Vermehrung durch Aussaat sofort nach der Ernte oder nach Stratifikation im Frühling. Keimt sehr schlecht. Stecklinge schneidet man im Juni und Juli.

Heckenkirsche
Lonicera (Geißblattgewächse)

Vielseitige Gattung von Sträuchern. Aussaat sofort nach der Ernte oder im Frühling, Samen vorher auswaschen. Stecklingsschnitt im Sommer, ab Juni von sommergrünen, ab August von den immergrünen Arten. Auch Vermehrung durch Steckholz möglich.

Magnolie
Magnolia (Magnoliengewächse)

Edle Blütensträucher des Vorfrühlings. Wichtig ist das Entfernen der roten Samenhülle durch Abreiben nach Quellung, anschließend stratifizieren und im Frühling aussäen. Stecklinge schneidet man im Juli.

Mahonie
Mahonia (Berberitzengewächse)

Immergrüne Blütenhecken. Blaue Beeren im Juli ernten, Samen auswaschen und sofort aussäen. Bewurzelte Ausläufer abtrennen.

Zierapfel
Malus (Rosengewächse)

Wildarten werden durch Aussaat nach Entfernen des Fruchtfleisches vermehrt. Obstunterlagen vermehrt man vegetativ durch Wurzelabrißlinge im Winterhalbjahr.

Urweltmammutbaum
Metasequoia (Sumpfzypressengewächse)

Erst vor 50 Jahren entdeckter Nadelbaum. Vermehrung durch Aussaat unter Glas im Frühling oder schwach verholzte Stecklinge im Juni.

Mahonie (Mahonia aquifolium)

Jungfernrebe

Parthenocissus (Weingewächse)

Wichtige Kletterpflanzen, Vermehrung durch Samen sofort nach der Ernte. Die Sorte 'Veitchii' wird im Winter durch Geißfußpfropfung auf *Parthenocissus quinquefolia* veredelt. Sonst sind auch Sommerstecklinge möglich.

Pfeifenstrauch

Philadelphus (Steinbrechgewächse)

Wichtige Blüten- und Duftsträucher in verschiedenen Arten und Sorten mit besonders großer Attraktivität für den Garten. Blüht von Juni bis Juli.

Vermehrung durch Steckholz und Sommerstecklinge.

Blaufichte (Picea pungens *'Glauca Koster')*

Fichte

Picea (Kieferngewächse)

Meist schlanke Koniferen, auch viele Zwergformen bekannt. Vermehrung der Arten durch Aussaat. Zapfenernte ab August, in der Wärme fallen die Samen aus, diese trocken lagern und im Frühling aussäen.

Sorten werden durch Astringstecklinge (mit altem Holz) im Sommer vermehrt.

Blaufichten veredelt man auf *Picea abies* durch seitliches Anplatten oder seitliches Einspitzen im Winter. Triebe anstäben.

Kiefer

Pinus (Kieferngewächse)

Arten werden durch Aussaat nach Stratifikation unter Glas vermehrt.

Die Sorten werden auf *Pinus strobus* (drei- bis fünfnadelige Arten) und *Pinus sylvestris* (zweinadelige Arten) durch seitliches Einspitzen im Winter veredelt.

Platane

Platanus (Platanengewächse)

Mächtige Bäume für die Stadt. Samenstände zerreiben und unter Glas im Frühling aussäen. Vermehrung durch Steckholz bei mindestens zweijährigen Trieben (Astringschnitt) und Sommerstecklingen möglich.

Fingerstrauch (Potentilla fruticosa)

Pappel

Populus (Weidengewächse)

Raschwachsende Bäume für feuchte Lagen. Vermehrung durch Steckhölzer, sogar bis zu 4 m lange Setzstangen wachsen an. Stecklinge macht man im Sommer, Zitterpappeln können durch Ausläufer vermehrt werden. Aussaat sofort nach der Ernte im Juni möglich.

Fingerstrauch

Potentilla (Rosengewächse)

Langblühende Heckensträucher. Vermehrung durch Stecklinge im Frühsommer, auch durch Steckhölzer im Winter.

Zapfen und Keimling der Zirbelkiefer (Pinus cembra)

Kirsche, Pflaume, Aprikose, Pfirsich

Prunus (Rosengewächse)

Vielseitige Gattung von Blüten- und Fruchtgehölzen. Vermehrung der Arten durch Aussaat gleich nach der Ernte oder im Frühling.

Viele Sorten werden auf Sämlingsunterlagen veredelt, Kirschsorten auf *Prunus avium* durch Okulation im Sommer oder Frühjahrspfropfung. Pflaumen- und Aprikosensorten werden auf die Hauszwetschge okuliert.

Die immergrüne *Prunus laurocerasus* vermehrt man durch Stecklinge im September.

Douglasie

Pseudotsuga (Kieferngewächse)

Raschwachsende Nadelbäume. Vermehrung durch Aussaat im Frühling oder durch Stecklinge im Sommer.

Feuerdorn
Pyracantha (Rosengewächse)

Prächtige, aber dornige Fruchtsträucher. Vermehrung durch Aussaat im Frühling nach Auswaschung und Stratifikation. Samen liegen oft über. Wichtiger ist die Stecklingsvermehrung im Sommer.

Birne
Pyrus (Rosengewächse)

Wichtige Fruchtbäume. Buschbäume veredelt man auf Quittenunterlage durch Okulation im Sommer. Die Samen der Arten sät man im Frühling nach Stratifikation aus.

Eiche
Quercus (Buchengewächse)

Mächtige Baumarten mit oft schönem Herbstlaub. Arten vermehrt man durch Aussaat der Eicheln im Frühling. Nach der Ernte lagert man die Früchte kühl und feucht, sonst vertrocknet der Keimling. Sorten werden im Winter auf Stiel- oder Traubeneiche durch Geißfuß veredelt.

Alpenrose
Rhododendron (Heidekrautgewächse)

Herrliche, meist immergrüne Blütensträucher. Einige Arten vermehrt man durch Samen im Mai unter Glas auf saurem, humosem Substrat. Wichtiger ist die Stecklingsvermehrung im Sommer, Bewurzelungshormon verwenden.
Immergrüne Sorten werden meist durch Kopulation im Vorfrühling auf *Rhododendron ponticum*, sommergrüne Arten im Juli auf *Rhododendron luteum* veredelt.

Essigbaum
Rhus (Sumachgewächse)

Bekannter Kleinbaum mit prächtigem Herbstlaub. Vermehrung meist durch Abtrennen der vielen Ausläufer oder Wurzelschnittlinge. Dazu Handschuhe tragen, der Saft ist hautreizend!

Keimling der Roteiche (Quercus rubra)

Johannisbeere
Ribes (Steinbrechgewächse)

Bekannte Frucht- und Ziersträucher. Einfache Vermehrung der Fruchtsorten durch Steckholz. Von Zierarten macht man Kopfstecklinge.

Robinie
Robinia (Schmetterlingsblütler)

Anspruchslose Blütenbäume. Arten werden durch Aussaat im Juni vermehrt. Samenschalen vorher aufrauhen. Einfacher ist die Vermehrung durch Ausläufer und Wurzelschnittlinge. Sorten werden auf *Robinia pseudoacacia* bei Austriebsbeginn veredelt.

Rose
Rosa (Rosengewächse)

Schönblühende Fruchtsträucher. Vermehrung der Arten durch Aussaat. Hagebutten im Herbst vom Fruchtfleisch befreien, Kerne 18 Monate stratifizieren. Stecklinge macht man im Sommer.
Beet- und Kletterrosen werden durch Okulation im Sommer auf *Rosa canina* und *Rosa multiflora* veredelt (siehe Seite 64).

Weide
Salix (Weidengewächse)

Vielseitige Gehölze. Meist einfache Vermehrung durch Steckhölzer oder Sommerstecklinge.
Veredlungen bei Hängeformen notwendig.

Stecklinge von Rosen werden in eine Erdmischung aus Weißtorf und Sand (1:1) gesteckt und mit einer 1 cm starken Sandschicht abgedeckt.

Holunder
Sambucus (Geißblattgewächse)

Wichtige Fruchtsträucher. Vermehrung meist durch Aussaat im Frühling. Beeren im Herbst ernten, Samen auswaschen und sofort stratifizieren.

Mammutbaum
Sequoiadendron (Sumpfzypressengewächse)

Mächtiger, kegelförmiger Nadelbaum. Meist erfolgt die Vermehrung durch Aussaat im Frühling. Zapfen im Herbst ernten, in der Wärme lagern und Samen dann trocken aufbewahren. 4 Wochen vor der Aussaat stratifizieren.

Vogelbeere, Eberesche
Sorbus (Rosengewächse)

Kleine, reichtragende Fruchtbäume (Abbildung siehe Seite 144). Vermehrung durch Aussaat sofort nach der Ernte im Herbst. Bei Frühjahrssaat Samen stratifizieren.
Viele Sorten werden auf *Sorbus aucuparia* durch Geißfuß im Frühling veredelt.

Spierstrauch
Spiraea (Rosengewächse)

Großartige Blütensträucher. Vermehrung durch Steckhölzer, die feintriebigen Arten auch durch Stecklinge im Sommer.

Schneebeere
Symphoricarpos (Geißblattgewächse)

Anspruchslose Fruchtsträucher. Leichte Vermehrung durch Steckholz und Sommerstecklinge.

Vogelbeere (Sorbus aucuparia)

Flieder

Syringa (Ölbaumgewächse)

Prächtige Blütensträucher. Die Sorten werden meist durch Okulation im Sommer auf *Syringa vulgaris*-Sämlinge veredelt. Sonst sind auch Stecklinge im Sommer möglich.

Eibe

Taxus (Eibengewächse)

Immergrüner, aber giftiger Nadelbaum. Vermehrung durch Aussaat im zweiten Frühjahr nach der Ernte. So lange werden die Samen nach Entfernen des Fruchtfleisches stratifiziert. Oft vermehrt man die Eiben durch Sommerstecklinge.

Lebensbaum

Thuja (Zypressengewächse)

Wichtige, aber giftige Heckenpflanze. Einfachste Vermehrung durch Sommerstecklinge. Aussaat ist ebenfalls möglich.

Linde

Tilia (Lindengewächse)

Mächtige Laubbäume. Aussaat der Samen nach Stratifikation im Frühling. Samen liegen oft über. Sorten werden meist auf Unterlagen der Sommerlinde durch Okulation im Sommer veredelt.

Ulme

Ulmus (Ulmengewächse)

Gefährdete heimische Bäume. Vermehrung der resistenten Sorten durch Stecklinge oder Veredlung auf *Ulmus minor*. Die Arten werden durch Samen sofort nach der Ernte im Juni vermehrt.

Schneeball

Viburnum (Geißblattgewächse)

Schöne Blüten- und Fruchtsträucher. Vermehrung durch Aussaat der Früchte im Frühling. Vorher Samen auswaschen und stratifizieren. Sommergrüne Arten werden im Juni, immergrüne Arten im Spätsommer durch Stecklinge vermehrt.
Einige Arten werden veredelt auf *Viburnum lantana*, später auf Austriebe der Unterlage achten, die bald zu entfernen sind.

Weigelie

Weigela (Geißblattgewächse)

Schöne Blütensträucher. Vermehrung durch Steckhölzer und Sommerstecklinge. Die breiten Blätter einkürzen.

Glyzine

Wisteria (Schmetterlingsblütler)

Mächtiger Schlinger mit herrlichen Blüten. Vermehrung durch wellenförmiges Ablegen der einjährigen Langtriebe. Auch Veredlung durch Geißfuß auf Sämlinge möglich, ebenso Stecklinge im Sommer.

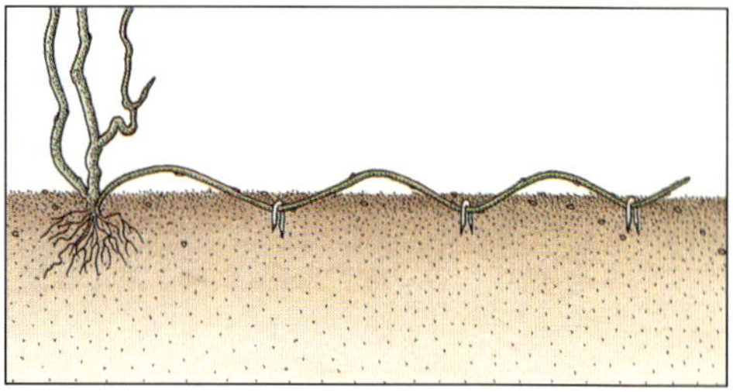

Von starkwachsenden Schlingern, wie z. B. der Glyzine, werden verholzte Langtriebe wellenförmig im Boden abgelegt und fixiert.

Gemüse

Art	Aussaat (Monat)	Pflanzzeit (Monat)	Abstand (cm)	Bemerkungen
Blumenkohl	Ende Februar bis Anfang Mai	Mitte bis Ende Mai	50 × 50	–
Bohnen	Mitte Mai bis Mitte Juni	–	–	Horstsaat
Endivien	Ende Juni bis Mitte Juli	Mitte Juli bis Mitte Aug.	40 × 40	Vorkultur im Freiland
Erbsen	Mitte März bis Ende Mai	–	5	in der Reihe
Feldsalat	Ende Juli bis Anfang Sept.	–	–	breitwürfig
Gurken, unter Glas	Ende März	Mitte Mai	120 × 40	3 Samen im Topf vorkultivieren
Kohlrabi	Anfang Februar	Mitte März	25 × 25	Frühkultur
Kopfsalat	Februar	März	25 × 25	Frühkultur
Kresse	März bis April September bis Oktober	–	10	Folgesaaten, in der Reihe
Möhren	März bis Ende Mai	–	25 × 25	dünn säen
Porree, Lauch	April	Mitte Juni bis Mitte Juli	40 × 15	Direktsaat
Radieschen	Februar bis April	–	10 × 4	Saat alle 2 Wochen
Rettich	März bis Mai	–	30 × 10	tief einbringen
Rosenkohl	April	Anfang Mai bis Mitte Juni	60 × 60	Beet-Vorkultur
Rote Bete	April bis Juni	–	30 × 15	Beet-Vorkultur
Rot-/Weißkohl	Mitte März	Mai	50 × 50	Beet-Vorkultur
Sellerie	Anfang März	Ende Mai	50 × 40	Schwerkeimer
Spinat	Feb. bis Anfang April	–	12 × 5	Reihenkultur
Tomaten	Anfang März	Mitte bis Ende Mai	100 × 50	Vorkultur im Topf unter Glas
Zwiebeln, Steckzwiebeln	Mitte März bis Anfang April	–	20 × 8	Direktausbringung

Kräuter

Einjährige Arten			
Art	**Aussaat (Monat)**	**Reihenabstand (cm)**	**Bemerkungen**
Basilikum	Mai	20 – 30	Vorkultur
Bohnenkraut	April bis Juni	25 – 30	Direktsaat
Boretsch	März bis Juli	30	Direktsaat
Dill	April bis Juni	30	Direktsaat, gut zwischen Gurken
Majoran	Mitte Mai	30	Direktsaat
Petersilie	März bis Juni	30	Direktsaat

Mehrjährige Arten			
Art	**Aussaat (Monat)**	**Reihenabstand (cm)**	**Bemerkungen**
Lavendel	März bis Mai	30	Topfkultur
Majoran	ab April	25	Vorkultur im Haus
Pimpinelle	Mai	20	Direktsaat
Rosmarin	April bis Mai	40	Topf-Vorkultur
Salbei	April bis Mai	30	Topfkultur
Schnittlauch	Februar bis April	30	Direktsaat oder Topfkultur
Thymian	März bis Mai	25	Direktsaat
Weinraute	April	30	Direktsaat
Ysop	April	25	Topfkultur
Zitronenmelisse	März bis April	30	Vorkultur im Haus
			Teilung

Beerenobst

Art	Vermehrungsart	Bemerkungen
Brombeere	Wurzelausläufer Absenker	– direkt in Töpfe
Erdbeere	Ausläufer	direkt in Töpfe
Himbeere	Wurzelausläufer Wurzelschnittlinge	–
Johannisbeere	Kopfstecklinge Steckhölzer Anhäufeln	problemlos!
Kiwi	Aussaat Stecklinge	Importsaatgut, neuere Sorten sind einhäusig
Kulturheidelbeere	Stecklinge Absenker	saurer Boden
Stachelbeere	Absenker Anhäufeln (Abbildung siehe Seite 58)	Hochstämme werden veredelt

Triebenden der Brombeere bewurzeln sich direkt in substratgefüllten Töpfen.

Jahres-Arbeitskalender

Januar/Februar

Aussaat	❁ Samenkataloge studieren und benötigte Sämereien bestellen ❁ Stauden-Kaltkeimer und erste Sommerblumen aussäen
Kontrolle	❁ Kontrolle der Vermehrungen im Haus (Wasser, Krankheiten, Schädlinge usw.)
Stecklinge	❁ Winterstecklinge schneiden
Vermehrungen	❁ Steckhölzer und Wurzelschnittlinge schneiden
Veredlungen	❁ Winterhandveredlungen machen

März

Aussaat	❁ Aussaat von Zimmerpflanzen, Sommerblumen, Stauden, Gehölzen ❁ Im Haus erste Sämlinge pikieren
Kontrolle	❁ Kontrolle der Vermehrungen im Haus (Wasser, Krankheiten, Schädlinge usw.)
Vermehrungen	❁ Stecklinge und Wurzelschnittlinge schneiden
Veredlungen	❁ Für die Pfropfungen Edelreiser besorgen, bei frostfreiem Wetter Geißfuß- und Spaltpfropfungen vornehmen

April

Aussaat	❁ Aussaat von Zimmerpflanzen und Sommerblumen unter Glas ❁ Aussaat von Stauden und Gehölzen im Kasten (Frühbeetkasten) und Freiland ❁ Sämlinge pikieren und eintopfen
Kontrolle	❁ Kontrolle der Vermehrungen im Haus (Wasser, Krankheiten, Schädlinge usw.)
Stecklinge	❁ Stecklinge von Rittersporn und alpinen Stauden machen
Vermehrungen	❁ Teilen von Stauden
Auspflanzen	❁ Auspflanzen von einjährigen Vermehrungen im Freiland

Mai

Aussaat	❁ Aussaat von Sommerblumen direkt ins Freiland
	❁ Aussaat von Stauden und Gehölzen ins Freiland
	❁ Sämlinge pikieren und eintopfen
Kontrolle	❁ Kontrolle der Vermehrungen im Haus (Wasser, Krankheiten, Schädlinge usw.)
Stecklinge	❁ Stecklinge von angetriebenen Pflanzen
Vermehrungen	❁ Teilung von Stauden abschließen
	❁ Teilung und Umtopfen der Kübelpflanzen, frische Erde geben
Auspflanzen	❁ Auspflanzungen vornehmen (Stauden, Gehölze)
	❁ Auspflanzungen vornehmen (Sommerblumen erst ab Mitte Mai)

Juni

Aussaat	❁ Samenernte von Zwiebelpflanzen und Winterblühern
Kontrolle	❁ Kontrolle der Vermehrungen im Haus und Kasten (Wasser, Krankheiten, Schädlinge, Lüftung usw.)
Stecklinge	❁ Sommerstecklinge von Stauden und Gehölzen
Auspflanzen	❁ Letzte Auspflanzungen von Sommerblumen ins Freie
Veredlungen	❁ Erste Okulationen möglich

Juli

Aussaat	❁ Aussaat von Zweijahresblumen
	❁ Samenernte von Frühblühern
Kontrolle	❁ Kontrolle der Vermehrungen im Haus und Kasten (Wasser, Krankheiten, Schädlinge, Lüftung usw.)
Stecklinge	❁ Sommerstecklinge von Gehölzen
Vermehrungen	❁ Schwertlilien teilen
Veredlungen	❁ Okulationen vornehmen

August

Aussaat	❁ Aussaat von Zweijahresblumen
	❁ Samenernte von vielen Gewächsen
Kontrolle	❁ Kontrolle der Vermehrungen im Haus und Kasten (Wasser, Krankheiten, Schädlinge, Lüftung usw.)
Stecklinge	❁ Sommerstecklinge von Gehölzen
Vermehrungen	❁ Stauden teilen
Veredlungen	❁ Letzte Okulationen (Rosen usw.)
Bestellen	❁ Zwiebelkataloge bestellen

September

Aussaat	Samen sammeln
	Erste Aussaaten von Gehölzen und Stauden
Kontrolle	Kontrolle der Vermehrungen im Haus und Kasten (Wasser, Krankheiten, Schädlinge, Lüftung usw.)
Stecklinge	Stecklinge von Gehölzen aller Art
Vermehrungen	Stauden teilen
	Erste Vermehrungen von Kübel- und Balkonpflanzen

Oktober

Aussaat	Samen sammeln
	Gehölzsaaten stratifizieren
Kontrolle	Kontrolle der Vermehrungen im Haus und Kasten (Wasser, Krankheiten, Schädlinge, Lüftung usw.)
Stecklinge	Stecklinge von winter- und immergrünen Pflanzen
Pflanzungen	Hauptpflanzzeit von Gehölzen und Stauden
	Zwiebeln und Knollen pflanzen
Einräumen	Kübel- und Balkonpflanzen einräumen

November

Aussaat	Letzte Samen sammeln
	Gehölzsaaten stratifizieren
Vermehrungen	Wurzelschnittlinge schneiden
Pflanzungen	Pflanzungen abschließen
	Zwiebel- und Knollengewächse pflanzen
Einräumen/Abräumen	Kübel- und Balkonpflanzen einräumen
	Sommerblumen abräumen
Veredlungen	Unterlagen von Obstarten ausgraben, putzen und einschlagen

Dezember

Aussaat	Gehölzsaaten stratifizieren
	Samen reinigen und richtig aufbewahren
Vermehrungen	Wurzelschnittlinge schneiden
	Steckhölzer schneiden
Bestellen	Kataloge von Samenfirmen bestellen

Bezugsquellen

Sofern bei Drucklegung bekannt, sind die neuen Postleitzahlen, die ab. 1. 7. 1993 gültig sind, vermerkt.

Gewächshäuser

Wilhelm Terlinden
A.t 73
46509 Xanten
(Hobby-Gewächshäuser für Garten und Balkon)

Krieger-Gewächshäuser
Gahlenfeldstr. 5
58313 Herdecke
(Gewächshäuser, Wintergärten, Zubehör)

K. Brusius
Gewächshaus-Klimatechnik
Marburgerstr. 3
35649 Bischoffen-Oberweidbach
(Heizungen, Leuchten für das Gewächshaus)

Rainer Messerschmidt
Autenbachstr. 22
73035 Göppingen-Jebenhausen
(Gewächshaus- und Wintergarten-systeme)

Beckmann KG
Simoniusstr. 12
88239 Wangen/Allgäu
(Glas- und Foliengewächshäuser, Regenfässer, Zubehör)

Kugler
Terrassenüberdachung
Edenthal 36
85296 Rohrbach
(Stegdoppelplatten, Paneele)

Frühbeetkästen

Ewald Dörken AG
Postfach 1263
58313 Herdecke
(Folien aller Art)

Geisert System Produkte
Pavillonstr. 39
66740 Saarlouis
(Stegdoppelplatten-Frühbeetkästen)

Zubehör

H. Meyer
Postfach 11 80
25462 Rellingen/Holstein
(Gießkannen, Töpfe, Messer, Scheren, Etiketten usw.)

E. Romberg & Sohn
Postfach 69
25479 Ellerau
(Vermehrungsbeete, Saat- und Pikierkisten, Jiffy)
Lieferung nur über den Fachhandel!

Plümacher und Knauthe
Röntgenstr. 12
42719 Solingen 15
(Universal-Unkrautjäter)
Lieferung nur über den Fachhandel!

Stefan Nau
Postfach 80
72135 Dettenhausen
(Regenwassertanks)

Otto Graf
Postfach 1220
79331 Teningen
(Regentonnen, Wasserspeicher, Schnellkomposter)

Hans Keller GmbH & Co. KG
Postfach 40
91126 Schwabach-Wolkersdorf
(Gartenwerkzeuge, Scheren, Sägen)

Gabriele Tissot
Mittelhembacher Weg 4
91126 Rednitzhembach
(Gartenwerkzeuge aus England)

Erdsubstrate

Lieferung über den Fachhandel

Torfstreuverband GmbH
Postfach 4820
W-2900 Oldenburg

Gebr. Patzer
Einheitserdewerk
36391 Sinntal

Erich Archut
Industrieerden
Postfach 50
36341 Lauterbach

Sämereien

A. Schenkel
Postfach 550927
22569 Hamburg
(Exotische Sämereien)

Klaus Jelitto
Horandstieg 28
22559 Hamburg
(Staudensamen)

Carl Sperling
Postfach 640
W-2120 Lüneburg
(Gemüsesaaten)
Lieferung über den Fachhandel!

G. Schlüter
W-2200 Bockholt-Hanredder
(Gemüse- und Blumensamen)

Thysanotus-Samen
Postfach 448109
28281 Bremen
(Seltene Samen)

Gärtner Pötschke
Postfach 2220
W-4044 Kaarst
(Gemüse und Blumen)

L.C. Nungesser-Saaten
Postfach 110846
W-6100 Darmstadt
(Wildblumen)

Rijk Zwaan GmbH
Werler Str. 1
59514 Welver
(Gemüsesaaten)

Wilhelm Pfitzer
Breitscheidstr. 74
70176 Stuttgart
(Sämereien)

K. Uhlig
Lilienstr. 5
71394 Kernen
(Samen von Kakteen und anderen Sukkulenten)

D. Köhler
Leonhardistr. 28
83104 Biberg
(Wildpflanzensamen)

Samen-Mauser
Zürichstr. 98
CH-8600 Dübendorf-Zürich
(Sämereien)

Literatur

Bärtels, Andreas: Gehölzvermehrung. Stuttgart 1978
Browse, McMilan: Säen, Vermehren, Pflanzen. Ravensburg 1970
Ganslmaier, Hans: Beet- und Balkonpflanzen. Stuttgart 1980
Haberer, Martin: Farbatlas Zierpflanzen. Stuttgart 1990
Hansen, Richard: Die Stauden. Stuttgart 1984
Jelitto/Schacht: Freilandschmuckstauden. Stuttgart 1987
Herwig, Rob: Zimmerpflanzen. München 1987
Kawollek, Wolfgang: Handbuch der Pflanzenvermehrung. Melsungen 1987
Kawollek, Wolfgang: Garten- und Zimmerpflanzen selbst vermehren. Augsburg 1992
Köhlein, Fritz: Gartenarbeiten. Stuttgart 1976
Köhlein, Fritz: Pflanzen vermehren. Stuttgart 1979
Köhlein/Menzel: Das neue große Blumenbuch. Stuttgart 1992
Krüßmann, Gerd: Die Baumschule. Berlin 1981
Räuber, Hellmut: Fachkundig gärtnern. Berlin 1992
Walz, Ernst: Samenkataloge 1990–1992
Zander, Robert: Handwörterbuch der Pflanzennamen, 13. Auflage. Stuttgart 1984

Die halbfett gedruckten Seitenzahlen weisen auf Abbildungen hin.

Mit 173 Farbfotos von
Gerhard Bambach, Geisenheim: 16, 47, 49 li.
Bildarchiv Sammer, Neuenkirchen: 7, 68, 118, 121, 134
Annerose Schatter, Stuttgart: 2/3
Jürgen Wolff, Gengenbach: 46 re., 84 li.
alle anderen von Martin Haberer, Raidwangen

Mit 84 Farbzeichnungen von
Johannes-Christian Rost, Stuttgart: 14–15, 22–23
alle anderen von Horst Lünser, Berlin, nach Vorlagen des Autors

Umschlaggestaltung von Atelier Reichert, Stuttgart, unter Verwendung von zwei Farbfotos von Martin Haberer,- Raidwangen (Titelbild) und Reinhard Tierfoto, Heiligkreuzsteinach-Eiterbach (Rückseite)

Die Deutsche Bibliothek – CIP-Einheitsaufnahme

Haberer, Martin:
Vermehrung von Pflanzen/Martin Haberer. In Zusammenarbeit mit „Mein Schöner Garten". [Mit 84 Farbzeichn. von Johannes-Christian Rost; Horst Lünser]. – Stuttgart: Franckh-Kosmos, 1993
(Kosmos-Garten-Bibliothek)
ISBN 3-440-06603-7
NE: HST

Alle Angaben in diesem Buch sind sorgfältig geprüft und geben den neuesten Wissensstand bei der Veröffentlichung wieder. Da sich das Wissen aber laufend in rascher Folge weiterentwickelt und vergrößert, muß jeder Anwender prüfen, ob die Angaben nicht durch neuere Erkenntnisse überholt sind. Dazu muß er zum Beispiel Beipackzettel zu Dünge-, Pflanzenschutz- bzw. Pflanzenpflegemitteln lesen und genau befolgen sowie Gebrauchsanweisungen und Gesetze beachten.

ISBN 3-440-06603-7
Lektorat: Bärbel Oftring
Herstellung, Satz und Lithografie: Concept GmbH, Höchberg bei Würzburg
Printed in Italy/Imprimé en Italie
Druck und buchbinderische Verarbeitung: Printers, Trento